新时代科技金融发展路径探索

黄开颜　著

北京工业大学出版社

图书在版编目（CIP）数据

新时代科技金融发展路径探索 ／ 黄开颜著．— 北京：
北京工业大学出版社，2021.11（2022.10 重印）
ISBN 978-7-5639-8176-2

Ⅰ．①新… Ⅱ．①黄… Ⅲ．①科学技术－金融－研究
－中国 Ⅳ．①F832

中国版本图书馆CIP数据核字（2021）第 228487 号

新时代科技金融发展路径探索

XINSHIDAI KEJI JINRONG FAZHAN LUJING TANSUO

著 者：黄开颜
责任编辑：吴秋明
封面设计：知更壹点
出版发行：北京工业大学出版社
　　　　　　（北京市朝阳区平乐园 100 号　邮编：100124）
　　　　　　010-67391722（传真）　bgdcbs@sina.com
经销单位：全国各地新华书店
承印单位：三河市元兴印务有限公司
开　　本：710 毫米 ×1000 毫米　1/16
印　　张：10.75
字　　数：215 千字
版　　次：2021 年 11 月第 1 版
印　　次：2022 年 10 月第 2 次印刷
标准书号：ISBN 978-7-5639-8176-2
定　　价：60.00 元

作者简介

黄开颜，汉族，1978年10月出生，江西赣州人。2001年毕业于哈尔滨工程大学，获工学学士学位；2014年毕业于南开大学，获法律硕士学位。现为中国社会科学院大学博士研究生，研究方向：知识产权金融创新。

前　言

从古至今，金融对于科技的发展情况非常敏感，在这个行业中对于科技的应用也是非常深入的。从历史角度来看，历次的科技革命都会让这两者的融合度不断地增大，科技也是推动金融行业不断发展自己的优势、发挥自己最大作用的一大助力。新中国成立以来，金融行业一直在积极地与新技术相融合，不断地让自己的服务更加优质，以获得更多的客户资源，服务方式也在不断地优化之中，这也大大推进了我国经济的不断发展。

新时代中国经济和科技发展都处在一个重要阶段。科技创新与金融发展的关系越来越紧密，科技金融对我国经济发展起到了积极的促进作用，已经成为我国金融行业发展的新趋势，但是当前我国金融与科技融合发展水平尚待提升。本书在解析两者融合发展的基础上，对我国科技金融发展现状进行了分析，对科技金融的发展路径进行了论述，进一步提出了科技与金融融合发展的对策，明确指出科学技术的不断创新是促进经济高质量发展的动力，旨在为我国新时代科技金融的发展路径研究提供参考。

全书共五章。第一章为科技金融概述，主要阐述了科技金融的概念、科技金融的主要特征、科技金融的发展历史、科技金融的相关理论等内容；第二章为科技与金融融合发展，主要阐述了科技与金融融合发展的背景、科技与金融融合发展的内涵、科技与金融融合发展的策略、科技与金融融合发展的路径等内容；第三章为科技金融发展模式，主要阐述了科技金融发展现状、科技金融发展的主要模式等内容；第四章为科技金融发展实证分析，主要阐述了长三角科技金融发展、京津冀科技金融发展、河南科技金融发展、广东科技金融发展、山东科技金融发展等内容；第五章为新时代科技金融发展，主要阐述了互联网时代科技金融发展路径、新时代科技金融优化措施等内容。

为了确保研究内容的丰富性和多样性，作者在写作本书过程中参考了大量理论与研究文献，在此向涉及的专家学者表示衷心的感谢。

最后，限于作者水平，加之时间仓促，本书难免存在一些不足，在此恳请同行专家和读者朋友批评指正！

目　录

第一章　科技金融概述

科技金融一直是国内经济理论界研究的一个重要领域。科技金融是科技与金融深度融合而形成的新范畴，是发挥科技创新作用，促进经济发展的良好契合点和动力引擎，因此无论是回溯历史还是展望未来，研究科技金融的理论都有着重要的意义。基于此，本章分为科技金融的概念、科技金融的主要特征、科技金融的发展历史、科技金融的相关理论四部分。

第一节　科技金融的概念

一、科技的相关概念

（一）科技的概念

科技即科学与技术的统称。"科学"一词最早来自拉丁文"scientia"，主要有知识和学问的意思，经日本明治时期的学者福泽谕吉译为"科学"，后又由康有为、严复等引入我国。英国科学家贝尔纳曾说过，"科学在全部人类历史中已如此地改变了它的性质，以至于无法给它下一个合适的定义"。达尔文眼中的"科学"，就是整理事实，从中发现规律并得出结论。实际上，科学就是通过对普遍现象、普遍真理的发现、积累和分析，所形成的反映人们对自然、社会、思维等的客观规律的分科的知识体系，它包含了人类生活的各个领域。"技术"一词来源于希腊语词汇"τεχνολογία"，主要指生活中的个人手艺和技巧。18世纪的法国哲学家狄德罗认为"技术是为某一目的的共同协作组成的各种工具和规则体系"。随着人类文明的不断发展，技术的范围也在不断扩大，运用在人类生产、生活的各个领域。简单来说，技术是人类通过积累生活经验和劳动技巧所形成的达到特定目的的操作经验和操作方法。

总体来说，科学与技术是统一辩证体，是通过理论调查、研究与实践事物之间存在的客观联系和规律，所得到的快速、便捷、高效的特定目的的方法和手段，二者是相互依存、相辅相成的。

（二）科学与技术的关系

1.科学与技术的区别

（1）科学与技术本质不同

科学是人类通过对自然界、社会等客观现象的了解所形成的知识体系，其存在有一定的必然性。科学形成的过程正是人类对于客观世界的本质和规律的发现过程，科学主要解释了自然客观现象的本质和其出现的原因。而技术的存在有一定的偶然性，技术进步的过程是人类通过已经建立的科学体系，对已知事物进行利用和改造，并通过发明、试验和总结形成新的方式和方法来维持、协调和发展人与自然界的关系。技术的存在有着很强的实践性，每一项技术的出现和革新都是为实现人类自身的愿望提供便利，技术可以说是对科学的实践运用。

（2）科学与技术的研究目标和价值不同

学者对科学的研究往往是探索的过程，是为了在人类未知的领域有所发现，科学研究的目的往往是为了通过加深人类对自然界以及人类对自身的了解，进而形成更加系统和完善的知识体系，而科学研究所取得的成果未必能在实际生活中直接运用或造成大的影响，科学的价值在于其正确性和深刻性。而技术的研究具有明确的、清晰的社会目的，经济利益、军事利益或社会利益是技术发展与创新的根本动力。所以技术的价值在于其经济性、可行性和先进性，判断一项技术是否有价值主要取决于其能否为人类所用。总体来说，科学研究的目标是为了教导人们，而技术研究的目标是为了服务大众。

（3）科学与技术的载体不同

科学活动主要以知识形态存在，其载体以报告、著作、书籍等为主，而技术活动的产物主要以物质形态出现，其载体以设备、产品、软件等为主。同时，科学活动的成果及价值往往很难用数字或金钱来衡量，而技术活动的成果往往可以量化，甚至可以直接将技术作为商品进行买卖。

（4）科学与技术的生命周期不同

科学往往是永恒的，人类在不断探索自然事物的同时，科学以知识体系的形态在被不断积累，科学探索亦是由浅入深，由未知到已知的一个循序渐进的过程，所得到的科学知识不会随着时间而逐渐消失，只会在探索和发现中不断被补充和纠正。而技术往往具有一定的生命周期，随着人们知识体系的不断完善，技术也在被一次次地突破和更新，在技术领域总是会出现新技术代替旧技术、新发明取代旧发明的现象。所以从理论上讲，每一项技术都有一定的寿命，一旦新技术被开发利用，旧技术就会被逐渐淘汰。

2. 科学与技术的联系

（1）科学是技术进步的理论基础

技术的进步往往依赖科学的发展。因为科学发展帮助我们不断扩大自身的知识体系和对身边事物以及未知事物的理解，人们通过对新的知识领域的发现，更容易了解现存技术的不足和改善空间，以达到不断更新技术的目的。

（2）技术是科学研究的必要手段

科学的发展同样需要技术的支持。因为技术不仅在一定程度上体现了科学的价值，其本身也为科学探索提供了工具。科学研究所经历的观察、总结、数据分析、实验等步骤都要通过不断更新的技术设备予以实现。

（3）二者是统一辩证体

科学与技术之间是相互渗透、相互转化的，二者是统一辩证体。随着人类对科学领域的不断探索和对技术领域的不断创新，科学与技术已经逐步融为一体。人们通过科学发现来不断更新现有技术，又通过一次次技术突破来为科学发展服务，二者的联系越来越紧密。许多新兴技术特别是高新技术的产生和发展就直接来自现代科学的成就。科学与技术的协调统一发展已经成为社会进步与发展的内在动力。

二、金融的相关概念

（一）金融的概念

从金融的发展历史来看，金融范畴是由货币范畴和信用范畴的相互渗透而形成的新范畴。因此，金融是货币流通的调节和信用活动的总称，如货币的发行、流通和回笼，存款的吸收和提取，贷款的发放和回收，金银、外汇的买卖，有价证券的发行与转让，保险、信托、国内国际的货币结算等。但由于金融现象复杂多样而且始终处于发展变化之中，特别是在某些时期会出现超常的、跳跃式的发展，因此对于什么是金融，理论界并没有达成一致，而是从不同的视角对金融进行定义。下面是一些比较有代表性的概念界定。

一般的货币银行学教科书将金融定义为"货币资金的融通"，即认为金融所涵盖的是融通活动、融通的机构和融通的市场等。

《中国金融百科全书》将金融定义为：货币流通和信用活动以及与之相关的经济活动的总称。这一观点涵盖了金融的全部，是一个在金融具体实践中颇具操作性的概念。

曾康霖教授在《信用论》中将金融定义为：以货币或货币索取权形式存在的资产的流通。

兹维·博迪（Zvi Bodie）和罗伯特·默顿（Robert Merton）在《金融学》中对金融的定义是：人们在不确定环境中进行资源的时间配置。

《新帕尔格雷夫经济学大辞典》中对金融的解释是：资本市场的运营，资本资产的供给与定价。

白钦先教授认为，金融是依赖特定保证体系（金融体制）、特殊载体（金融商品）的社会财富的索取权；是具有数量（货币或资本）累积和功能累积的、特殊的、内在于经济的社会资源。

（二）金融体系的构成

金融体系是一个经济体中资金流动的基本框架，它是资金流动的工具（金融资产）、市场参与者（中介机构）和交易方式（市场）等各金融要素构成的综合体。同时，由于金融活动具有很强的外部性，在一定程度上可以是准公共产品，因此，政府的管制框架也是金融体系中一个密不可分的组成部分。

金融体系由金融组织体系、金融市场体系和金融调控与监管体系三部分组成。金融组织体系（或金融机构体系）是指提供金融服务与金融产品的金融机构，是现代金融活动的基本载体，如银行类机构、证券类机构、保险类机构、其他金融机构。

金融市场体系是指借助金融工具进行金融交易的各种场所，是一个独立的、特殊的市场体系，如货币市场、资本市场等。

金融调控与监管体系是指进行金融交易调节和金融市场维护的中国人民银行和监管部门。

金融体系的形成与金融的发展是同步的。金融是商品货币关系发展的必然产物，它随着社会经济和商品货币关系的发展而发展，同时它还推动着社会经济的进步。

（三）金融体系的功能

金融体系最基本的功能是提供资金的融通渠道，但随着金融体系的发展，其功能也在逐步地扩展和完善。

美国哈佛大学著名金融学教授罗伯特·默顿认为，金融体系具有六大基本功能：①清算和支付功能，即金融体系提供了便利商品、劳务和资产交易的清算支付手段；②融通资金和股权细化功能，即金融体系通过提供各种机制，汇聚资金，并导向大规模的无法分割的投资项目；③为在时空上实现经济资源转移提供渠道，即金融体系提供了促使经济资源跨时间、地域和产业转移的方法和机制；④风险管理功能，即金融体系提供了应付不测和控制风险的手段及途径；⑤信息提供功能，即金融体系通过提供价格信号，帮助协调不同经济部门的非集中化决策；⑥解决激励问题，即金融体系解决了金融交易双方拥有不对称信息及委托代理行为中的激励问题。

美国著名经济学家莱文从交易成本的角度对金融体系的功能做了新的诠释。他认为，金融体系的功能在于消除由于交易成本和信息成本的存在而产生的市场摩擦，起到融通储蓄、优化资本配置等作用，金融发展降低了信息和交易费用，进而影响了储蓄水平、投资决策、技术创新以及长期增长速度。金融体系对经济增长的作用主要体现在储蓄集聚、资本配置、公司治理以及商品和金融合同交易等方面，但最终都是通过"资本积累"和"技术创新"这两条途径来实现。

综合以上内容来看，现代金融体系的基本功能包括以下八个方面。

1. 融资功能

金融体系通过提供各种金融工具，不仅为公众提供了重要的储蓄和金融投资渠道，而且也为公众提供了重要的融资渠道。银行通过贷款，为满足公众的资金需求提供信贷支持；证券市场通过发行股票、债券和其他金融索取权，为政府和企业的融资提供重要的融资工具和渠道。

2. 管理风险功能

金融体系具有转移风险、控制风险、管理风险的功能。保险公司提供的保险产品，为顾客转移被保险物可能遭受的自然灾害、意外事故带来的损失风险，提供了有效的手段。金融衍生品市场的各种金融衍生工具，为市场参与者提供了套期保值、转移和控制价格波动等规避金融风险的功能。

3. 提供信息功能

现代金融体系不仅提供资金和投资工具，而且必须提供各种相关信息，为投资者和融资者的决策提供信息支持。各种金融交易和清算在金融体系中进行，使金融体系为社会提供交易和相关金融信息成为可能。此外，为了保护投资者的利益，防止金融欺诈行为的发生，金融体系也要求在此系统中融资的机构和个人提供必需的相关信息。

4. 配置金融资源功能

金融体系不是简单地提供资金融通功能，而且通过金融工具价格的变动，调节金融资源在不同的企业、行业、地区和国家的流动，从而实现金融资源的优化配置。

5. 储蓄和金融投资功能

金融体系通过提供各种金融工具，为公众提供重要的储蓄和金融投资渠道。银行通过吸收各种存款，为公众进行储蓄提供重要渠道；证券市场通过进行股票、债券和其他金融索取权的交易，为公众进行金融投资提供了方便的、有利可图的重要渠道。

6. 提供流动性功能

对于以各种金融资产形式储存的财富，金融市场提供以很小的损失风险将这些资产转化为现金的形式和渠道。这样一来，金融体系就为那些持有金融工具但是又需要货币的储蓄者提供了流动性。这种流动性对金融体系其他功能的发挥具有重要的意义。

7. 清算和支付结算功能

为政府、企业和个人购买商品、服务提供清算和支付结算服务，是金融体系的又一重要功能。这既是金融体系的传统功能，也是现代金融体系的主要功能。建立在巨大的计算机网络系统基础上的现代银行清算体系提供的快速、准确、安全、方便的清算和支付结算服务，是现代经济运行不可缺少的重要服务。与证券交易所和分布在世界各地的证券公司相连的证券交易清算系统，也是现代证券交易正常进行的基本保障。

8. 传递金融政策效应功能

利用各种金融政策调节金融和经济运行，是现代社会国家干预经济的重要方式之一，而这些金融政策对经济的调节作用正是通过金融体系的传递来实现的。如中央银行提高法定准备金率，将首先减少商业银行可用于贷款的资金，迫使商业银行减少贷款，从而减少社会的资金供给，提高市场利率，降低社会总需求，起到紧缩经济的作用。

三、科技金融相关概念

（一）科技金融的概念

"科技金融"一词首次出现可以追溯到1993年，实际上是由我国学者提出的，国外并没有对科技金融进行具体的定义。科技金融是由我国的经济体制、金融和科技的运行机制及创新机制相互作用而产生的一个新的领域，因此科技金融可以说是非常具有中国特色的。

在我国，虽然"科技金融"一词在经济发展的实践中被广泛和频繁地应用，但是长期以来在理论上对于"科技金融"的概念仍然没有形成统一的定义。根据以往的文献研究成果，国内学者对科技金融概念的定义大致可以分为以下几种。

四川大学的赵昌文教授在2009年出版的《科技金融》一书中明确地定义了"科技金融"一词，这一定义被誉为是国内第一次对科技金融进行的完整定义，也是国内现阶段大多数学者认同的关于科技金融概念的阐述。赵昌文提出："科技金融是促进科技开发、成果转化和高新技术产业发展的一系列金融工具、金融制度、金融政策与金融服务的系统性、创新性安排，是由向科学与技术创新活动提供金融资源的政府、企业、市场、社会中介机构等各种主体及其在科技创新融资过程中的行为活动共同组成的一个体系，是国家科技创新体系和金融体系的重要组成部分。"

赵昌文教授还提出，科技金融实际上是一个跨学科的概念，是科技与金融相结合的产物，并提出了科技金融的"5 I"规律，也就是创新（Innovation）、投入（Input）、一体化（Integration）、制度化（Institutionalization）、国际化（Internationalization）。

钱志新在其2010年出版的《产业金融》一书中将科技金融定义为"科技企业在整个生命周期中的融资过程，该过程包括融资工具、融资制度、融资政策以及融资服务，融资活动的参与者包括政府、企业、市场、社会中介机构以及其他社会团体"。

房汉廷将科技金融定义为科技和金融的外生变量，虽然有其价值性，但并没有揭露出本质层面的科技金融。他将科技金融概括为四个方面的内容：科技金融是一种创新活动，是知识产权转变为商业化的融资行为的总和；科技金融是一种技术，即经济模式，而技术革命是新经济模式的引擎，金融是新经济模式的燃料，二者合起来就是新经济模式的动力之所在；科技金融是将一种科学技术资本化运作的过程，即科学技术被金融资本孵化为一种财富创造工具的过程；科技金融是一种金融资本有机构成提高的过程，即同质化的金融资本通过科学技术异质化的配置，将无形资产有形化并通过其获取高附加回报的过程。

洪银兴认为，科技金融有其特殊性，在金融体系内有其独特的领域和功能，是金融资本以创新科技的手段，特别是以创新发明、科技成果为代表的新技术推动高新科技产业化发展与科技类企业再创新的一种金融制度。

胡苏迪、蒋伏心将企业生命周期的理论引入科技金融的概念中，认为科技金融贯穿科技创新企业与高新技术产业发展的各个生命周期，科技金融的本质实际上是金融的创新与科技的创新的高度结合，因此科技金融的发展需要金融发展和科技发展，科技金融是为科技企业提供各项投融资服务的金融机构、金融工具和金融政策的组合。

李心丹、束兰根在《科技金融——理论与实践》一书中从资源整合的视角，结合科技金融的实践研究，对科技金融重新进行了定义，将科技金融作为一种金融业态来研究。他们认为"科技金融是金融资源供给者依托科技与金融结合的创新平台，通过对创投、保险、证券、担保及其他金融机构等金融资源进行全方位的整合创新，为科技型企业在整个生命周期中提供创新性、高效性、系统性的金融资源配置性优化，进而保障企业技术革新的有效提升并推动整个高新技术产业链加速发展的一种金融业态"。这一定义充分强调了金融资源供给者的重要作用，也就是资本的力量，也强调了科技金融对于科技企业能否快速发展起到的关键促进作用。

汪泉、史先诚认为，科技金融是以促进科技创新活动为目的，以组织运用金融资本和社会资本投入科技型企业为核心，以定向性、融资性、市场性和商业可持续性为特点的金融活动的总称。

中国科学技术发展战略研究院的王元在 2014 年中国科技金融年会上提出，科技金融应该作为现有金融体系内的一个重要组成部分，它把金融资源和创新要素结合在一起，科技金融是一种制度，也是一种政策。

四川大学的毛道维也在 2014 年中国科技金融年会上提出了自己对科技金融的理解。他认为科技金融主要包括以下三个方面：制度性金融、商业化金融以及制度性金融和商业化金融相结合。

从以上观点我们不难看出，虽然不同的学者对于科技金融的研究侧重点不尽相同，有以科技创新为侧重点进行研究的，也有以金融创新为侧重点进行研究的，但不可否认的是，从科技与金融两者关系的角度出发，学者们的看法大多是一致的，绝大多数学者都认为科技与金融两者之间是相辅相成的，金融产业可以为科技产业提供有力的支撑，科技产业又能带动金融产业的升级，两者的有机结合形成了科技金融的概念。科技金融并不是简单的"科技＋金融"，即"1+1＝2"的模式，而是两个不同领域相互融合、相互依赖、共同发展的一种新型创新模式。科技金融的重点在于科技创新与金融资本的有机结合，科技创新与金融资本同等重要，缺一不可，单纯地将科技金融定义为金融资本促进科技成果转化，或是将科技对金融的促进作用定义为金融科技都是不全面的。科技金融在本质上是科技创新与金融发展的相互交流、相互发展的过程，两者的高度耦合助推了科技得以不断地创新与进步，同时也促进了金融的创新与发展。而无论哪种定义，毋庸置疑的是，科技金融在现代经济发展中发挥着重要的作用，是经济增长的动力所在。

（二）科技金融的组成要素

科技金融由两类要素组成，即科技金融形式和科技金融主体。前者是指科技与金融结合的具体形式，后者指所有与科技金融相关的部门。

1.科技金融形式

科技金融的主要形式有两种：一是由政府资金建立基金或者由母基金引导民间资本进入科技型企业；二是多样化的科技型企业融资渠道，具体包括创业风险投资、科技信贷与科技保险、多层次资本市场等。随着互联网金融的兴起，在原有渠道基础上，科技金融出现了新的融资方式——众筹、第三方支付、数字货币、大数据金融等，为科技金融的科学化发展提供了多样化的选择。

2.科技金融主体

科技金融主体包括科技金融需求方、供给方、政府部门及相关中介机构。政府部门出台科技金融政策，科技金融供给方在相关政策的支持下，更好地为科技金融需求方的创新行为提供金融支持，中介机构的存在则对连接科技金融供给与需求双方起到积极的作用。在宏观上表现为政府部门出台政策，通过金融体系引导社会资源向创新领域流动和集中，从而更好地促进创新型国家建设。

（三）科技金融的作用

1.科技金融助力创新驱动战略

科技金融作为国民经济发展的重要举措，极大地推动了我国的科技创新。目前，通过构建科技金融体系促进科技进步与发展，已经成为实现国民经济快速发展的重要命题。科技创新和金融创新相结合，是提升科技创新水平和深化金融改革的必要选择，也是优化国家创新体系，培育自主创新能力的重要支撑。

2. 科技金融助力产业转型升级

科学技术是第一生产力，金融是现代经济的核心，每一次产业革命的兴起无不源于科技创新、成于金融创新。科技创新是我国完成产业转型的重要动力，政府在推动科技金融发展中需要发挥强有力的引导作用。科技和金融是转变发展方式和推动产业升级的两大重要引擎。现代社会产业形态越高端，生产组织管理形式越复杂，对科技进步与金融服务的依赖程度就越高。随着产业转型升级加快，产业替代周期缩短，企业间的竞争将更加激烈，对科技创新的依赖越强，对金融的需求也更加迫切。产业转型升级和结构调整能否成功，取决于科技创新创业是否活跃，金融支持是否有力，战略性新兴产业、现代科技服务产业、先导性产业的培育成长是否健康。因此，科技金融是促进产业转型和结构调整的重要举措。

3. 科技金融促进经济总量增长

首先，科技金融通过扩大产业规模提高经济总量，具体途径为资金规模、人员规模等。此外，科技金融能够整合两个领域的专业人员，并扩大人才队伍，而且促进了多个领域的专业人才业务交流，带动专业技能和业务操作水平的提升。所以，两个领域的融合发展能够直接推动经济总量的增长，实现 "1+1 > 2" 的效果。

其次，科技金融的发展能够激发劳动者培养就业所需相关技能的积极性，挖掘社会的就业潜力。而人才队伍的建设是经济增长中不可或缺的因素，所以这也是促进经济增长的一个渠道。科技金融的资金集聚效应，能够有效解决科技创新中的资金短缺问题，推动科技成果的转化，最终推动经济增长。

最后，科技金融可以通过技术扩散、产业关联等方式提高产业价值从而推动经济增长。为科技型企业提供资金支持助推创新项目开展的同时，技术随着各项活动的开展得到扩散。技术的流动必定会提高产出效率，促使产业向高端化转变。产业经济理论认为所有产业的发展都伴随着关联效应，所以科技金融同样具备产业关联特征。而技术创新和资金支持等要素通过产业关联传递到产业的价值端，从而提高了经济产业链的整体价值。

4. 科技金融促进经济质量提升

创新成果的增加及转化可以提高产业效率，从而推动经济增长。目前来看，两个领域的结合催生了很多创新成果，如电子支付、大数据等产品，这说明科技金融在未来拥有着较大的发展潜力及空间。创新服务与产品可以在一定程度上提高产品的竞争力，而技术含量不高的服务与产品则会慢慢被逐出市场，进而提高了技术含量高、经济价值高的服务与产品的市场份额。同时，对于消费者来说，服务与产品的迭代更新为他们提供了更多的产品选择，也降低了消费成本。

科技金融还可以通过促进机构革新，提高经营水平，从而改善市场绩效的途径并助推经济质量提升。科学技术的飞速发展促进了科技与金融的融合，降低了经营成本，如金融机构可以利用区块链技术减少信息成本、风险管理成本等。

此外，在互联网飞速发展的背景下，金融机构不断革新传统的金融体系，拓宽新的服务领域，其经营成本的降低和产品服务质量的提升能够有效提升市场绩效。科技金融作为新兴产业，其涉及的领域更具有包容性，因而能够在一定程度上解决社会所面临的就业难问题。总而言之，科技金融的发展在稳定就业方面发挥了重要的作用，这也是科技金融促进经济质量提升的一个重要途径。

5. 科技金融助力科技型企业走出融资困境

在现代经济中，科技与金融之间存在着十分重要的相互依存关系，科技进步能够促进金融创新，金融发展又能支持科技发展壮大。这就意味着，要想推动科技型企业的发展，就需要发挥金融的重要作用，实现科技与金融的有机结合。科技金融的重要功能之一是识别科技资源的潜在价值和风险，通过财税、金融等工具的组合运用与创新，实现科技资源与金融资源的有效对接。科技金融的出现，为难以达到传统金融机构服务门槛的科技型企业提供了融资机会和发展机遇，有利于科技型中小企业成果转化，培育和发展战略性新兴产业。

第二节 科技金融的主要特征

一、金融创新主动服务于科技创新

科技金融是科技与金融从松散配合、密切结合到深度融合之后所形成的产物。只有当金融不再被动配合科技创新的资金需求，而是主动介入科技创新，才真正标志着科技金融的产生。由此，我们可以梳理出科技金融与传统金融间的差异：传统金融模式是以稳健发展为基本原则，以自身盈利为中心，寻求盈利的流动性与安全性之间的平衡，形成由金融机构本身供应主导的资金配置模式；而科技金融则是以科技创新及其产业化发展需求为主导方向，形成需求导向型的资金配置模式。

二、科技金融是金融系统的子系统

以科技发展为目标的科技金融,与农业金融及房地产金融相似,是属于促进相应产业发展的产业金融,具有自身独特的发展特征。科技发展过程包括科技开发、成果商品化及产业化三个阶段,每个阶段所面临的风险及资金需求存在显著差异,因而科技金融所需提供的解决方案会依据对象差异而不同。在科技金融系统中,科技应用研究存在显著的非排他性,在没有外部力量的协助下,金融体系为规避风险可能采取选择性资金投入的方式,为保障资金融通需要政府的积极投入,以期财政资金的引致效应吸引更多风险资金进入;而在后续商品化及产业化过程中,科技创新的市场价值凸显,市场资金的参与增多。因此,在科技金融系统中既包括行政性调控手段,又需要市场化参与,即"尽管科技与资金的结合会吸引市场资金的参与,但仍需要构建一个'花园',有益于科技与资金按照一定的方向更高效地结合"。

三、公共财政与商业金融有效融合

鉴于科技创新具有明显的公共产品属性,突出财政支持的积极作用早已成为理论共识,但是如何提高公共财政资源的使用效率,却是经济运行实践长期的难题。科技金融以实现第一生产力与第一推动力的有效结合为内在目标,应用金融创新的思维来整合财政资源与金融资源,提供了解决问题的新视角。把财政拨付与金融机构或金融市场有效联系起来,为科技企业融资与成果市场化提供整体解决方案,既提供了实现科技创新与科技资产财富化的新途径,又通过科技金融的特殊制度安排提升了公共财政的支出效率。

第三节 科技金融的发展历史

一、单向配合阶段

蒸汽机的发明吹响了第一次工业革命的号角,但大型蒸汽机的使用必然需要较大型的场所及固定资产投入,而早期工场手工业的时代,商业发展的资本仍以家庭积累或个人信用借贷为主,无法支撑对机械设备的需求。尽管蒸汽革命以技术进步为先导,但产业革命在英国的发展并最终完成与英国本身金融革命的爆发密不可分。工业革命出现之前,英国已经出现了一些新科学技术,但是没有得到金融的支持。约翰·希克斯（John Hicks）在考察金融创新对英国发生并最早完成工业革命的重要意义后指出："工业革命不是技术创新的直接结果，而是金融革命的结果。"新技术的产业化过程需要长期连续的大规模资金投入，而这种投入只有适当的金融安排才得以实现，因此"工业革命不得不等候金融革命"。如作为蒸汽时代重要标志的火车运行，必须依赖大规模的铁路建设，其高额成本是单个企业很难承担的。当时，通过发行铁路债券这一金融创新，才解决了大规模铁路建设的资金问题，使火车真正进入人类生活。

在推动工业革命爆发的金融革命发展过程中，有以下三点非常重要。首先，较为成熟的银行体系的构建。工业革命前期，英国的银行主要为区域性的城市银行及乡村银行。1694 年，英国组建英格兰银行。该银行被授权可以在全国各地建立分支机构，经营个人储蓄业务，从而将英国各地的地区性资本市场逐渐统一起来，并逐步构建起一个以区域乡村银行与城市银行为基础的全国性银行网络，为资本融通和地区间流动提供了便捷。其次，证券市场的形成。18 世纪末 19 世纪初，英国开始逐步形成全国统一的债券资本市场，专营债券业务的证券机构开始出现，不仅使资本流通更加便捷，而且创新了投融资方式，逐步形成高效率的现代资本市场。最后，金融业务及产品创新不断涌现，包括可转让借据、可贴现票据、原始股认购等形式。新兴的金融工具使资本流动更加便捷，满足了产业投资者进行手工业机械化改造的资本需求。

二、密切结合阶段

以电力的广泛应用、化学工业的建立及新通信工具的发明为主要标志的第二次工业革命，内燃机取代蒸汽机成为工业发展的动力系统，重工业代替轻纺工业成为世界工业体系中的主导。这一时期的科技创新更为抽象，难以直接根据生产经验获得或者改进，需要根据科学理论进行创造发明，如依据电磁理论发明的发电机等；同时，重工业的发展本身需要更多的固定资产投入。技术创新与科学基础联系更加紧密，导致技术研发过程中资金配置投入增多。科技转化时间缩短，使得技术风险激增，科技创新及产业的发展都需要更多能够分散这种风险的金融产品与服务的开发。

第二次工业革命时期，美国最早完成了电力革命，很多欧洲的技术创新在美国最早得到应用。例如，德国人发明的内燃机，却在美国得到最为广泛的应用；欧洲人发明并改进了众多电力技术，却是美国人建立了第一座电厂；德国人致力于汽车的研究，但仍是美国人首先实现汽车大规模的标准化生产。美国快速工业化背后存在多重动因，包括激增的工业产品需求、为数众多且自由流动的人口、高效的产权保护机制和便捷的交通运输系统，但金融创新所带来的资本市场快速发展却是这众多原因中最重要的一点，主要体现在包括股票交易为主的金融资本市场的建成以及投资银行的出现。以股权交易为特色的美国金融市场为美国科技创新、完成以重工业为主导的第二次工业革命提供了长期且稳定的资金支持，而股权交易中分散化的投资者也很好地化解了科技创新的迅速产品化及产业化创新所带来的技术风险及市场风险等风险集中化问题；投资银行致力于企业上市、兼并的市场运作，进一步深化了股票市场的定价和融资能力，企业迈向大型化、集中化，促使金融资本与工业资本有意识地结合、组织，科技与金融进入密切结合阶段。

三、深度融合阶段

20 世纪 50 年代以后，科技革命深入各个工业领域，尤其以电子信息、航空航天、生物及新能源等新兴产业为标志，其中电子计算机的广泛应用产生的影响最为突出。科技创新表现出的群体化、社会化、产业化和科技成果转化快速化的特征带来了众多不确定性因素，同时技术或产品的独占性优势，使科技创新表现为高投入、高风险及高收益。金融对高收益的逐利、专业化的风险管理及多层次的资金投入满足了科技创新的需求。

而科技创新对金融创新的影响也不容小觑。20 世纪 70 年代初，随着信息革命的发展，国际信用卡开始了爆发式的增长；90 年代，以信息技术为核心的高新技术迅猛发展，现代计算机处理技术与信息技术相融合，对金融业的推动作用更是显著。以美国的商业银行电子化进程为例，每隔十年左右的时间，信息技术就会在更高的层次上对商业银行的经营和游戏规则进行重构。

近年来，信息技术的发展与金融业务创新之间的互动关系日趋紧密。一方面，随着科技创新对金融资本的需求日趋增加，促使金融资本不断组合开发新产品，以满足科技创新的金融需求。以美国为例，高新技术企业难以获得商业银行的资金支持及获得投资等级的债券发行权，为此低等级债券的推出为高新技术企业的发展解决了资金问题。进入 21 世纪后，美国风险资本投资总额从每年 50 亿美元增至 1000 亿美元，使很多处于种子阶段的创新型企业在短期内迅速被孵化成长。另一方面，当前金融创新已成为体现金融企业核心竞争力的主要因素，而 95%

的金融创新都高度依赖信息技术的发展，信息技术能帮助分析复杂金融产品的定价并进行风险管理，使这些产品之间的交易成为可能，科技创新为金融创新提供了动力支持。

从发展历程看，科技金融经历了从金融被动配合科技创新需求到自身主动创新变化，从金融单向支持影响科技创新到金融创新与科技创新双向互动的协同发展历程，金融创新与技术创新的互动关系不断被强化。

可以说，在每一次科技革命产生及其扩散的过程中，金融和信用制度都起着极其重要的推动作用，科技革命所带来的技术创新又为新一轮的金融创新提供了动力和支持。在第三次科技革命中，金融对科技创新的支持不再是被动地满足科技创新的需求，而是通过自身主动创新匹配需求，并积极介入到科技创新之中。风险投资在进行股权投资就能影响科技创新的发展方向，并在股权投资后积极投入创新型企业的后续管理之中，主动且有效地设计管理机制化解科技创新中的各种风险，这也就标志着科技金融的形成。

第四节　科技金融的相关理论

一、创新理论

创新（Innovation）一词源于古拉丁语的"Innovore"，意即"更新、创造新的东西或改变"。创新作为一种经济学理论，最早由奥地利经济学家约瑟夫·熊彼特（Joseph Schumpeter）在《经济发展理论》一书中提出。此后，围绕创新的内涵，创新的类型，不同类型创新的产生、扩散等理论，经济学和管理学界开展了丰富的研究，并逐步形成几个最具代表性的学派：一是以曼斯菲尔德（E. Mansfield）、施瓦茨（N. L. Schwartz）、索洛（R. Solow）等为代表的新熊彼特学派；二是以诺斯（D. C. North）等为代表的制度创新学派；三是以弗里曼为代表的国家创新学派。

（一）创新理论的产生

1. 熊彼特创新的内涵

熊彼特把创新定义为"新的生产函数的建立"，即"生产要素的重新组合"，也就是把一种从来没有过的生产要素和生产条件的"新组合"引入生产体系，其

15

目的是获取潜在的利润。所谓生产函数，是指在一定时间内，在技术条件不变的情况下生产要素的投入同产出或劳动的最大产出之间的数量关系。每一生产函数都假定一个已知的技术水平，如果技术水平不同，生产函数也不同。

熊彼特认为，创新包括五种情况：一是引入一种新产品，即产品创新；二是采用一种新的生产方法，即工艺创新或生产技术创新；三是开辟一个新的市场，即市场创新；四是获得一种原料或半成品的新的供应来源，即开发新的资源；五是实行一种新的企业组织形式，即组织管理创新。熊彼特认为，创新是一个经济范畴，而非技术范畴。它不是科学技术上的发明创造，而是把已经发明的科学技术引入企业之中，形成一种新的生产能力。

2. 熊彼特创新模型

纵观熊彼特创新理论的发展，他在分析实现创新基本途径的基础上建立了两种创新模型（见图 1-1、图 1-2）。其早期的思想十分强调企业家的推动创新，如图 1-1 所示。

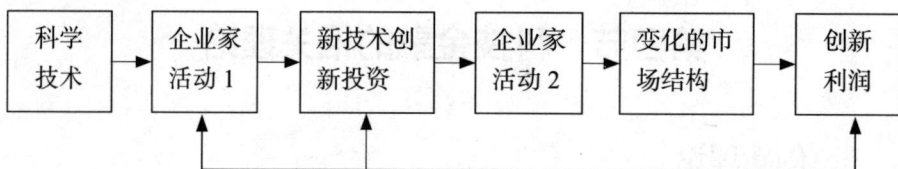

图 1-1　熊彼特创新模型 I

模型 I 中突出了三个因素：一是追求超额利润是企业家进行创新的动机；二是重视和强调企业家的主体作用；三是认为技术活动是外生的经济变量，基本不受市场需求的影响。但对于技术创新的过程和机制，这一模型并未涉及。

在后期的研究中，熊彼特则转向强调大企业在创新中的作用，由此建立了熊彼特创新模型 II，如图 1-2 所示。在模型 II 中依然强调追求超额利润是企业进行创新的动机，但是更加强调垄断企业在创新中的巨大作用，并且提出创新技术是内生的，主要来源于企业内部的创新部门，与外界保持着有机的联系。和当时大多数经济学家不同的是，熊彼特指出，完全竞争是不可能的，而且是低劣的，它不一定能使资源配置优化，反而会导致低效率，与垄断相比，容易被外来干扰击溃。而大企业已经成为经济发展的发动机，大企业成功的创新将是一个正反馈，使企业更加重视研究和开发活动。

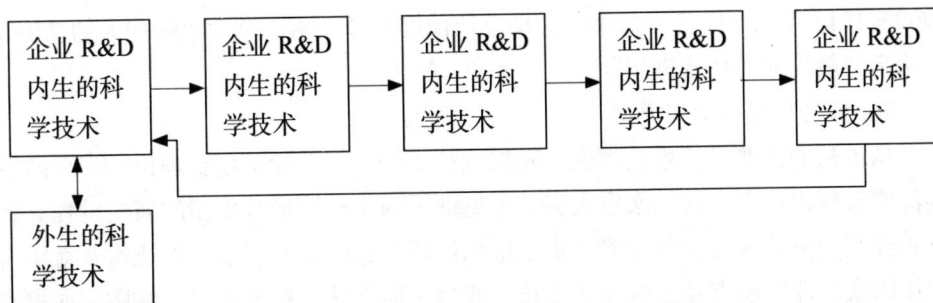

图1-2　熊彼特创新模型Ⅱ

（二）创新理论的发展

1. 新熊彼特学派

20世纪50年代至70年代，以微电子技术为主导的新技术革命蓬勃兴起，推动了技术进步和经济增长，也促进了学者对技术创新理论的系统研究。以曼斯菲尔德、卡曼等为代表的一批经济学家发展了熊彼特的创新理论，并将创新理论与新古典学派的经济理论相结合，引出了技术创新理论，并自称"新熊彼特学派"。

这一学派的贡献主要体现在三方面：一是在分解研究熊彼特创新理论的基础上引出了技术创新理论；二是在分类研究熊彼特创新类型的基础上界定了技术创新的概念、内容和主要类型；三是初步探讨、描述了技术创新理论的研究对象、主要任务和理论命题。其中比较有代表性的两个理论分别是新古典经济增长模型和内生经济增长模型。

（1）新古典经济增长模型

1987年的诺贝尔经济学奖获得者索洛（R. Solow）于1956年提出了新古典经济增长模型，使用两类投入（资本和劳动）生产一种均质产品，首先假定技术保持不变，集中考察资本在经济增长中所起的作用。而在这样一个没有技术创新的古典增长模型下，经济会进入一种稳定状态：资本深化终止，实际工资不再增长，资本收益率也保持稳定，生活水平的提高最终停止。

然而，20世纪中期，实际工资并未停滞，单位资本收益率反而上升。此外，这种理论既不能解释为什么经过一定时间生产力有巨大的提高，也不能解释不同国家间单位资本收益率的巨大差距。技术创新就是这种模型所遗漏的要素，它主要涉及了生产工艺的改进、新产品改良以及新服务的引进。索洛发现，在

1909—1949 年美国经济中每小时劳动总产值增加了一倍，这个增幅中大约 7/8 可归功于"最广义的技术进步"。

（2）内生经济增长模型

从最初的古典经济增长理论，发展到技术外生性的经济增长理论，直至内生经济增长理论产生，这三次重大突破也见证了内生经济增长模型的演变过程。最初的经济理论认为人口数量等要素是影响经济增长的重要因素，把技术要素作为间接因素，即不能直接影响经济增长。亚当·斯密认为技术要素、物质资本积累或许存在着一定的关联，因而萌生了技术创新可以作为内生变量推动经济增长的想法。索洛的模型同样强调资本积累的重要性，同时通过分析得出技术创新、投资率等要素对资本积累的影响，这也为以后的研究奠定了理论基础。但索洛把资本与劳动无法解释的人均产出的区域差异化与快速增长归因于技术进步。也就是说这部分差异化与产出必将来自技术进步，由此一些学者认为技术进步是外生的。之后也有学者基于这个框架对经济问题展开了进一步的研究。

19 世纪 80 年代以来，卢卡斯（Lucas）等学者在索洛的模型基础上尝试研究并解释技术进步的来源，把能够正向影响经济增长的技术和知识要素加入经济增长模型中而产生内生经济增长模型。由于知识这一要素的特殊性，它并不具备要素边际递减特性，从而有效解释和说明了不同区域经济存在差异的原因。知识作为内生变量显著地正向影响着经济增长，而技术进步、分配制度、资本积累等要素也能正向推动知识的积累，从而更有效地促进经济增长。内生经济增长模型的出现对我国产业发展、经济增长具有一定的现实意义与指导意义。相关政府部门和企业应重视科研领域的研究，促进科技金融的发展，提高生产水平，以产生更多经济利益。

2. 制度创新学派

熊彼特曾涉及制度创新，但他并没有就此进行深入研究。英国经济学家戴维斯和诺斯于 1971 年出版《制度变革和美国经济增长》，率先在制度创新领域做了实质性开拓。其制度创新理论要点有制度创新的含义、制度创新的推动因素、制度创新的过程缝隙、制度创新的模型等，有力补充和发展了熊彼特的创新理论。

戴维斯和诺斯认为，制度创新是指能使创新者获得追加利益（潜在利益）而对现存制度进行变革，通过这种变革建立起某种新的组织形式或经营管理形式。制度创新必须在预期纯收益大于预期成本的条件下才可能实现。制度创新与技术创新有很大的不同，主要是技术创新的时间依存于物质资本的寿命长短，而制度创新则不受物质资本寿命的限制。同时，技术创新往往是技术上出现某种新发明的结果。

3. 国家创新理论

1987 年弗里曼首先提出了"国家创新系统"的概念，认为在人类历史上，技术领先国家从英国到德国、美国再到日本，这种追赶跨越不仅是技术创新的结果，还有许多制度组织的创新，是一种国家创新系统演变的结果。弗里曼把国家创新系统定义为一种在公私领域里的机构网络，其活动和行为能够启发、引进、修改和传播新科技。

1990 年国家创新系统研究的国际学派代表迈克尔·波特将国际创新系统的微观机制与其宏观运行联系起来，并在这一年出版《国家竞争优势》一书，提出了国家创新系统钻石模型。他认为要素条件、需求条件、相关的支持产业以及企业的战略与竞争状况是影响国家竞争优势的四个决定因素，国家的竞争优势建立在能够成功进行技术创新的企业之上，从某种意义上讲，国家只是作为一个企业的外在环境发挥作用，并以不同的方式加强或削弱企业的竞争力。国家创新系统作为一个由国家的公共社会机构组成的网络，其活动目的是创造、扩散和使用新知识和新技术。

二、企业生命周期理论

从科技型企业的融资方式来看，整个金融体系对于科技创新活动的资金支持主要通过权益融资与债务融资两种形式来实现。科技型企业在企业生命周期中的不同阶段对于上述两种融资方式的需求也不一样，因此，很多学者运用企业生命周期理论来解释科技企业融资方式的异同。

企业生命周期理论是由拉里·格林纳（Larry Greiner）于 1972 年提出的，该理论从仿生—进化论的角度来分析企业在生命周期中的存在形式。卡赞晋（Kazanjian）在此基础上提出企业在不同阶段需要解决或者优先解决的问题不同，因此，企业需要通过调整组织结构、引进先进的管理办法和获取新的资源来解决这些问题，并可以此为依据来建立模型，划分阶段。加尔布雷思（Galbraith）则关注科技型企业生命周期，研究科技型企业在其生命周期的不同阶段呈现出不同的风险特征与资本需求。

伯格和尤德尔（Berger and Udell）认为，处于生命周期初期的中小企业存在更多信息不对称的问题，生命周期理论因而得到了进一步的深化和发展，这类企业大多依赖于内源性融资（即企业净利润）、贸易信贷和天使投资融资。当企业发展到一定规模，则渐渐通过间接融资来获取资金，如商业银行或金融公司的债务融资。最后，如果这些中小企业可以持续存活并增长，就有机会获得资本市场的追捧。

福禄克（Fluck）等人于 1997 年通过对美国威斯康星州的一些企业调查发现，在企业的初创阶段，外源性融资（主要是债务融资）占据企业融资方式的主导，随着时间的推移，企业对于外源性资金的使用并非成线性的由少增多，而是以 U 型为变化趋势。

格雷戈里（Gregory）等运用实证方式证明中小企业在其生命周期的早期阶段倾向于内源性融资方式，而大型企业在这个阶段则更偏向于长期债务融资和股权融资。

科技型企业的健康发展依赖于金融资源的合理配置，企业在不同发展阶段所需资金的性质——权益型或者债务型，与企业规模、企业性质等因素相关。

徐岚通过对美国高新技术企业的发展及金融配置的研究，总结出高新技术企业发展的资金来源主要包括四种不同的股权融资方式以及九种不同的债券融资方式，并且预测由于高新技术企业本身具有高风险、高回报两大特点，伴随着高新技术企业金融资源配置方式的多样化，未来我国高新技术企业的资本结构将会显著变化。

于团叶等分析了企业在不同生命周期状态下股权属性、股权集中度和股权制衡度等因素对于企业的业绩提高有正面作用。

此外，考虑到科技型中小企业同时具备普通中小企业的一般性特点，比如中小企业信用的不足，资金的过度需求，交易成本高，抵押物、质押物不充足等，国内中小企业现阶段存在着刚性的金融缺口。

马骥和王心如认为，作为正式金融活动的重要补充，民间借贷等非正式金融活动自身风险控制能力比较差，存在比较大的金融安全隐患，如果政府对于非正式金融活动进行强制性整顿，定会产生金融活动中的灰色地带，政府要引导非正式金融活动健康有序地发展，有效控制其风险并在最大限度内密闭中小企业的融资缺口，需将非正式金融活动看作与正式金融活动并存的必要的融资方式。

在不同发展阶段，科技型企业的融资策略以及金融对于企业融资支持的方式各不相同。下面我们针对科技型企业发展的五个阶段逐一进行讨论。

（一）种子期

这一阶段，由于企业没有正式投入运营，仅仅处于研究实验阶段，资金的需求量不大，但风险很高，不太可能取得稳定收益类资金的支持。所以处于这一阶段的科技型中小企业应尽可能取得变动收益类资金的支持。

比如，来自发明者或者创业者的自有资金；也可以寻找来自亲戚、朋友等一些"天使投资者"的私人资本投资；还可以积极寻求政府的支持，争取申请国家各项创新基金，如为鼓励缺乏研发基金的科技型中小企业设立的孵化器投资和专项财政基金等。

无论是天使投资者投资，还是政府的专项资金支持，资金实力都是非常有限的，不足以支持其大规模的资金需求，但恰恰适应了科技型中小企业在种子期对资金的小额需要。由于该阶段投资风险太高，成功概率很低，所以很难吸引到专业的风险投资机构的投资。

（二）初创期

处于初创期的科技型中小企业，资金需求的频率高、金额小，而且资金需求和供给之间缺口大。这一阶段企业创业失败率最高，经营风险很大，并且缺乏可抵押的资产，很难获得稳定收益类资金供给。主要的筹资方式有以下几种。

第一，职工集资，持有企业股权。这种方式一方面可以筹集到企业创业阶段所急需的资金，另一方面还可以在企业内形成利益共享、共同承担风险的激励约束机制。

第二，吸引风险投资。虽然初创期投资风险很高，投资回收期也很长，但投资一旦成功，将可以获得高额的投资回报，这恰恰对了风险投资家"高风险，高收益"的胃口。稳定收益类的资金供给，如银行贷款等，往往最重视资金的安全性，那些发展成熟、收入趋于稳定的企业，由于低风险而成为它们追逐的对象，而对于那些高风险，但可能带来高额回报的项目，稳定收益类资金供给方则是不会轻易加入的。反倒是风险投资作为一种典型的变动收益类资金供给方，由于其关心的不是项目的短期盈利性，而在于项目的长期发展性，所以它能够弥补稳定收益类资金供给的不足。

尤其是在初创期，科技型中小企业由于诸多不确定因素存在较高的风险，极其有限的资产也难以做到抵押融资，这种情况下，风险投资便成为科技型中小企业这个阶段融资的首选。

风险投资的出现，能有效地解决科技型中小企业在这个阶段最为头疼的融资难题。风险投资机构一般都具有丰富的融资经验和较强的管理才能，它可以从资金、融资渠道、决策等方面介入投资的企业，帮助企业建立一套健全的财务制度和行之有效的科学管理机制，与科技型中小企业共同承担风险和损失。风险投资机构在企业壮大后，一般会择机退出，退出的过程就是风险投资的收益实现和股权资本的权益变现过程。

（三）成长期

企业进入快速成长阶段，需要大量的流动资金，资金需求与供给缺口巨大。发展到这一阶段后，产品的市场份额不断上升，产品销售趋向稳定，可预见的盈利性增大，投资风险相比前两个阶段得到进一步降低，而该阶段实物资产也已经有了一定的积累，达到了一定的规模，可以提供一定数量的抵押、担保。这个阶段，企业不仅可以获得变动收益类资金支持，而且还可以获得稳定收益类资金供给，具体的融资渠道有以下几种。

1. 继续引进风险投资

风险投资基金是科技型中小企业获取资金的重要保障。在企业的成长期，由于其可预见的盈利性增大，投资的风险也相对较小，虽然此阶段所需的资金规模为初创期的 10 倍左右，但企业已显现出高效益的发展前景，以及快速增长的市场收益基本上符合风险投资机构对预期回报要求的条件，使得风险投资在这一阶段投入资金的态度最为积极，是处于快速成长期的科技型中小企业最关键的融资渠道。风险投资一般为股权等形式，扶持这些企业快速成长、逐步壮大，在扶持的企业上市后，通过股权转让来获取高额的回报。

2. 内部积累资金

高新技术带来的高效益，为科技型中小企业资金的自我积累创造了条件。企业通过留存收益进行合理的再投入，不断增强企业自我积累资金的能力。

3. 融资租赁

对于研发已经完成，步入成果转化阶段的科技型中小企业来讲，添置固定资产、扩大生产等需要大量的资金。在企业本身没有足够能力获得贷款或是吸引不到投资机构资金注入时，融资租赁是一种不错的融资方式。通过集信贷、租赁、贸易为一体，以租赁物件的所有权与使用权相分离的方式，在支付少量租金的情况下，便可以取得设备的使用权。这样一来，企业便可以花费较少的融资成本，筹集到可以长期使用的资金，缓解了企业在此阶段的融资难题。

4. 银行贷款

随着生产经营规模的扩大，进入此阶段的科技型中小企业已经粗具规模，可供抵押资产也会随之增加，这就为获得银行贷款创造了条件。从商业银行的角度考虑，虽然科技型中小企业由于高科技属性，使得本身面临更为严峻的信息不对称问题，但由于企业风险的降低，可以提供担保、抵押品的增加，加上企业盈利前景清晰可见，商业银行出于资金安全性和收益性考虑，也会向科技型中小企业提供一定数量的贷款。

此阶段最为显著的融资特点是，引入了稳定收益类资金供给（如银行贷款），同时，风险投资仍然是此阶段的主要融资方式。

（四）成熟期

在成熟期，企业的经营已步入正轨，融资渠道较为广泛。在这个阶段，由于其风险最小、收入稳定，既可以获得变动收益类资金供给，也可以赢得稳定收益类资金供给，以及介于稳定和变动之间的混合收益类资金供给。

1. 资本市场融资

科技型中小企业进入成熟期后，应该借助资本市场实现企业发展，把上市纳入企业发展战略，通过上市实现企业质的飞跃。然而，科技型中小企业由于具有规模小、周期短、投入高、风险大等特点，使其与主板市场的理念不相符，难以进入主板市场进行融资和交易。

所以，科技型中小企业可以选择在二板市场上市融资。这个市场最大的特点是降低了企业上市的门槛。在这个市场上市的大多数公司从事高科技业务，虽然成立的时间短、规模小、业绩一般，但具有较高的成长性。所以，这个市场常被人认为是不看过去，只盯着未来。为了给成熟的科技型中小企业提供更方便的融资渠道，也为了给风险资本建立一个正常的退出机制，我国应该大力发展二板市场。

2. 发行债券融资

科技型中小企业在这个阶段可以通过发行普通债券和可转换公司债券，获得稳定的资金来源以及介于稳定和变动之间的混合收益类资金。

3. 金融机构贷款

此时的企业已经开始大规模盈利，风险降为整个生命周期中最低。再者，随着企业规模的不断扩大，资产结构的持续改良，企业信用的不断增强，市场地位的逐步提高，都使得企业的融资环境大为改善，融资空间大幅增加。此时的融资主要面向以商业银行为主的金融机构贷款，既可以向金融机构申请信用贷款，降低资金成本，优化资金结构，也可以根据企业的资产质量、规模申请银行抵押贷款，降低贷款风险。这样一来，以安全第一、规避风险为原则的商业银行也愿意为成熟期的科技型中小企业贷款。

此阶段最为显著的融资特点是，企业开始进入资本市场融资，为企业的做强做大和实现质的飞跃做好准备。

（五）衰退期

科技型中小企业步入衰退期后，产品销售额下降，市场缩小，利润降低甚至亏损。此时，企业要么继续创新，以求二次创业，要么退出市场。二次创业时，资金需求主要用于技术创新及设备更新。该阶段，可以考虑以下几种融资方式。

1. 变卖部分资产

科技型中小企业可以将一些与主营业务联系不密切的资产，清算变卖以筹集资金。

2. 无形资产融资

科技型中小企业可以向相关企业出售无形资产获得资金，包括专利权、专有技术权、商标权等。

3. 重组

如果科技型中小企业实在到了无法发展的地步，可以和其他企业进行重组，从而获得需要的管理资源和财务资源，以提高企业整体的管理水平，增强竞争力。

三、技术创新理论

如前文提及的，20世纪10年代，熊彼特首次把创新和经济发展联系起来，他指出创新事实上是建立不同的生产函数，或是生产不同的产品，或是采用不同的生产方式。即包括采用某种产品的未知特性、挖掘可利用的新的生产方法、开发未进入过的市场、创造或打破某垄断等。换句话说，企业家应该重新组合生产方式，开发更多市场，并以此促进经济发展。熊彼特认为企业家是创新的主体，他们富有远见卓识，拥有专业能力、理智、商业洞察力。他还认为对创新利润的追求以及企业家的创新精神是创新活动的动机。从企业家角度来分析利润，它是创新的产物，所以企业家会为了获取更多的利润而愿意在技术研究上花费较高的成本。

此外，熊彼特还强调利润是短暂的，只有技术水平提高，并和经济相结合才能体现出创新的作用，从而利用创新推动经济发展。之后，熊彼特在创新理论以及其他经济学家研究结果的基础上进一步完善了相关理论，并发表了《经济周期》等著作。在熊彼特之后，也有较多的经济学家对相关理论进行了进一步研究。如英国学者弗里曼的技术创新政策体系。为此，政府应重视科技政策，实现开发、采购等环节的结合，制定相关的政策，加强对知识产权的保护，大力支持技术创新发展。在科技快速发展、创新影响逐渐扩大的今天，熊彼特等经济学家提出的相关理论丰富了我们的理解，启示我们应突破原有的经济结构，寻求新发展。但是，当时创新经济学理论在很长一段时间未引起西方国家的重视，后来由于已有的经济学理论无法解释经济高速增长 20 年"黄金期"，西方学者才重新进行了探讨。

四、金融发展理论

有关金融发展的理论可以追溯到熊彼特 1912 年所进行的研究。他认为，功能良好的银行通过甄别并向最有机会在创新产品和生产过程中取得成功的企业家提供融资而促进技术创新，这可以看作金融体系对经济增长发挥作用的两个基本渠道之一：技术创新。希克斯认为，英国的金融体系为巨大工程筹集资本进而在引发工业革命过程中起了关键性作用，这是渠道之二：资本积聚。综观金融发展理论研究，根据研究视角的不同，可以从金融结构论、金融深化论、金融约束论和金融功能论四个方面来理解金融发展。

（一）金融结构论

戈德史密斯在 1969 年出版的《金融结构与金融发展》一书中给出了金融发展的定义，认为金融发展是指金融结构的变化，包括各种金融工具和金融机构的形式、性质及其相对规模。在界定金融发展概念的基础上，戈德史密斯构建了包括金融相关率、各类主要金融中介机构的相对规模等指标在内的用于衡量一国金融结构和金融发展水平的一套完整的评价指标体系，并综合采用定性分析、定量分析以及与比较研究相结合的方法深入研究了金融发展与经济增长之间的关系，揭示了金融发展在不同国家经济发展中的十二条规律。他认为，世界各国的金融发展都是通过金融结构由简单向复杂、由低级向高级方向的变化体现出来的，并且都沿着一条共同的道路前进。金融结构论认为，金融发展主要表现在金融数量的增长和金融结构的变化，其贡献在于构建了度量金融规模和结构的指标，揭示金融发展对经济增长的促进作用。

（二）金融深化论

20 世纪 70 年代，麦金农（McKinnon）等学者提出金融深化论。认为经济停滞的原因在于落后的金融体系，因而要注重金融的作用，并放弃对市场的过分干预，充分发挥市场引导作用，促进金融深化。金融体系通过提供资金支持、解决信息不对称、提升投资流动性等作用机制推动经济增长。金融体系的良好发展能够为科技金融的发展提供良性的发展环境，可以更有效促进科技创新。此理论认为制度会抑制金融机构、市场的进化，导致金融、经济两者发展未能出现良性循环，倡导汇率等实行自由化政策。

后来，麦金农、卡普（Kapur）等经济学家在金融深化理论基础上展开了一系列的研究。麦金农分析了发展中国家由于金融自由化引起的金融危机，并在此基础上改善金融自由化所适用的条件。卡普、马锡森两位学者重点分析了发展中国家如何利用金融体系改革来推动经济发展。莱文（R. Levine）等学者在模型中加入更多变量证明了金融中介与经济发展效率密切相关。

（三）金融约束论

斯蒂格利茨等学者提出金融约束论，意识到金融自由化政策的弊端，该理论指出政府应适当干预金融，为银行等金融部门以及生产部门提供帮助。金融约束理论不赞同肖等学者提出的理论，认为金融自由化并不能促进经济与金融的良性发展，若政府适当干预金融，反而可以推动金融体系运行。

赫尔曼认为，利率上升对经济的作用是不确定的，一方面可能带来投资和产出的增加，另一方面可能带来有效需求不足，抑制经济增长；同时由于信息不对称，金融自由化会带来银行从事高风险行业，竞争和不受管制的金融市场也会加剧金融市场的不稳定性。

金融约束的本质是：政府通过控制存款利率、贷款利率，在民间部门创造租金机会，为这些部门提供必要的激励，促使他们在追求租金的过程中把私人信息并入到配置决策中，从而缓解那些有碍于自由竞争的与信息有关的问题。

金融约束论通过放宽瓦尔拉斯均衡的市场条件来研究发展中国家的金融体系，更接近发展中国家的实际情况，因而其政策主张更具有参考意义。在某种意义上，金融约束论可视为金融中介理论有益的必要补充。金融约束理论的提出为发展中国家在金融自由化过程中如何实施政府干预提供了理论依据和政策框架。

（四）金融功能论

戈德史密斯认为，金融发展就是金融结构的变化，研究金融发展必须以金融结构短期或长期变化的信息为基础。麦金农和肖对金融发展的理解主要是从金融发展"量"的方面着眼，并没有给出一个关于金融发展的明确定义。从他们对金融发展特征的分析可以看出，他们所指的金融发展主要是金融机构、金融工具和金融资产规模的膨胀，而缺乏对金融发展作用于技术进步的渠道研究。

莫顿和博迪等提出金融功能论，认为理解金融发展需要从功能观点出发才能把握其方向。莱文认为，金融具有管理和交易风险的功能，规避、分散和聚集风险，配置资源，监督经理人提高公司治理水平，鼓励储蓄，便利商品与劳务的交换等功能。莫顿和博迪提出任何金融体系的主要功能都是为了在一个不确定的环境中帮助在不同地区或国家之间在不同的时间内配置和使用经济资源。通过金融制度的安排有利于评估潜在的投资机会、实施公司监控、便利风险管理、增强市场流动性。

金融功能论的分析基于两个前提：①金融功能比金融机构更稳定，不同时期和不同国家的金融功能差异较小；②竞争将导致金融机构向更有效运行的金融体系演进。因此，机构的变化由功能决定，机构之间的竞争与创新最终使得金融功能更有效率。金融结构的总和就是一国的金融体系。金融体系能够在资金盈余部门与资金短缺部门之间进行资金配置。

一般而言，金融体系越发达，其资源更能够得到优化配置，所发挥的功能也越丰富。金融体系功能的实现主要是金融组织借助于两个途径，即资本市场和信贷市场。按照目前通行的划分不同金融体系的标准，一般是依据金融组织（主要是银行和金融市场）在其金融体系中各自所发挥的不同作用，将之区分为银行主导型的和市场主导型的金融体系。但实际上，许多国家的金融体系并不属于这两种模式中的任何一种。

第二章　科技与金融融合发展

科技和金融作为经济增长的两大核心要素，二者的融合成为当前国家坚持创新驱动发展的重要内容和构建新发展格局的重要动力，科技与金融深度融合在我国经济发展中发挥着重要作用。本章分为科技与金融融合发展的背景、科技与金融融合发展的内涵、科技与金融融合发展的策略、科技与金融融合发展的路径四个部分。

第一节　科技与金融融合发展的背景

一、科技与金融的发展背景

众所周知，微电子革命中许多创新都是通过个人积累和家人朋友在车库里完成的，同样的故事也发生在工业革命时期的英国。第一位先行者通常不得不在自己的园子里破土耕耘。然后，随之而来的扩张、持续的动力和长期内一系列的重大创新通常需要并且得到了金融体系的支持（无论当时采用何种方式）。

自工业革命以来，技术发展经历了五次大的革命，这些变革不但在科学理论、方法和知识上取得了巨大的进步，在程度和广度上，较之以前的水力、风力和火力等技术进步都有质的飞跃。在这几次技术革命的过程中，科技与金融呈现不同形式的融合，主要体现在金融资本与技术发展的融合上。

英国工业革命之前已经出现一些新科学技术，但一直没有得到金融方面的支持。在金融支持的基础之上才有了技术创新引发的革命，这种金融支持体现在风险资本家为获取高额利润，迅速投资于新技术领域，继而产生金融资本与技术创新的高度融合，出现了技术创新的繁荣和金融资产的几何级数增长。在此次工业革命中，棉纺工业的机械化并不需要大量的固定资本费用。正因为如此，家庭融资和此前对外贸易中的积累，使机械化成为可能。

第二次工业革命以蒸汽机的发明为重要的标志，它吹响了工业革命的号角，但是作为蒸汽时代重要标志的火车运行，必须依赖于大规模的铁路建设。当时，通过发行铁路债券这一金融创新，才解决了大规模铁路建设的资金问题，使火车真正进入人类的生活。

在第三次科技革命初期，由于更快的蒸汽船的出现以及苏伊士运河的开通，海洋航运的快捷性使得小企业主可以对小额数量的货物进行贸易。为此，金融部门提供了数额很小、期限较短的信用工具。也正是在第三次科技革命中，投资银行和制度化的金融资本成为工业体系强大而不可或缺的一部分。1878年，爱迪生已经从年轻的摩根银行为其早期项目获得了金融支持。而在第三次科技革命晚期，德国小型电动机的生产商需要充足的、中等规模和中等期限的出口融资。

当第四次科技革命扩散的动力越来越强劲的时候，分期付款购买体系发展起来，大量的家庭耐用设备，如冰箱、吸尘器、汽车，都可以分期支付。而自从20世纪70年代初，随着信息革命的发展，国际信用卡开始了爆发式的增长。到20世纪90年代，以信息技术为核心的高新技术迅猛发展，现代计算机处理技术与信息技术相融合，以不可阻挡的速度渗透到各行各业中，其对金融业的推动作用更加显著。以美国的商业银行电子化进程为例，每隔十年左右的时间，信息技术就会在更高的层次上对商业银行的经营和游戏规则进行重构。最近二十年，信息技术的发展与金融业务创新之间的联系更是日趋紧密。考察一些西方的典型金融机构就会发现，他们通过信息技术来探索一种先进的管理思想或者提供新的服务内容，以此来实现金融创新。金融创新已成为体现金融企业核心竞争力的主要因素，而95%的金融创新都高度依赖信息技术的发展，信息技术帮助分析复杂金融产品的定价并进行风险管理，使这些产品之间的交易成为可能。信息技术为金融业实现电子化提供了技术支持，同时，科技更是提高了金融业务的运作效率和处理能力，促进了金融业务创新和管理创新，实现了金融运作网络化、管理流程化、服务渠道电子化和金融产品业务多元化，为客户提供了更高效的服务。

五次革命以及当代的信息技术的发展——印证了科技与金融融合的存在，即每次革命的成功财富化，都必然与金融创新相伴。在每一次技术革命及其扩散的过程中，金融和信用制度都起到关键作用。而随后，技术革命所带来的技术创新又为新一轮的金融创新提供了动力和支持。在这种互动关系的背后，不仅存在着金融资本对于重大技术创新的发生和扩展的重要性，也蕴含着技术创新对金融创新发展所带来的扩散效应。

二、社会经济的发展背景

在现代经济中，科学技术是第一生产力，金融则处于核心地位。科技与金融的融合能够在很大程度上提高创新成果转化为商业化产品的效率，从而成为经济发展动力和社会财富创造的重要源泉。大量历史经验表明，金融发展能够对科技进步产生巨大的推动作用。一个国家要想实现科技创新能力的大幅提升和经济的可持续发展，就必须不断借助于科技进步与金融发展，二者缺一不可。

为了在经济全球化进程中赢得国际竞争力，世界许多国家都选择依靠科技进步提升国家的综合实力和核心竞争力，走创新型国家发展的道路。在当今时代，如何促使经济恢复发展动力，培育新的经济增长点成为各国最为关心的问题。加快培育和发展战略性新兴产业，抢占未来技术进步和产业发展的战略制高点，无疑是可持续发展的最优路径。

随着改革开放的持续深入，我国进入转变经济发展方式和推动产业转型升级的关键阶段。2006 年国务院在《国家中长期科学和技术发展规划纲要（2006—2020 年）》和 2007 年党的十七大报告中均明确表示我国未来的发展目标是建设创新型国家。为了实现这一目标，提升我国科技创新能力，《创业投资企业管理暂行办法》明确指出给予创业投资企业在成立及日常经营中政策优惠，并鼓励其投资中小高新技术企业，同时针对科技型中小企业。《关于进一步加大对科技型中小企业信贷支持的指导意见》的出台不仅有效缓解了科技型中小企业融资难的窘境，也由此拉开了金融支持科技创新的序幕。随后《关于促进科技和金融结合加快实施自主创新战略的若干意见》进一步表明国家创新战略的实现依赖于不断创新的科学技术和不断完善的金融环境。因此《科技部关于进一步鼓励和引导民间资本进入科技创新领域的意见》着重指出民间资本对提升科技创新能力的重要作用，并大力鼓励民间资本涌入科技领域。同时，科技部（科学技术部）会同中国人民银行等部门联合开展了"促进科技和金融结合试点"工作，旨在以点带面的促进科技与金融有效结合，在科技和金融结合试点取得初步成效时，《关于大力推进体制机制创新扎实做好科技金融服务的意见》文件便要求各省市大力推动体制机制创新，促进科技和金融的深层次结合，支持国家创新体系建设。

党的十八大后，我国经济增速放缓，其发展的驱动力从要素投资转为创新。党的十九大报告更是着重强调建设现代化经济体系必须着力加快建设实体经济、科技创新、现代金融、人力资源协同发展的产业体系。由此可知，科技与金融的有效结合是我国经济健康发展的必然趋势。一方面，合理有效的金融投入为创新提供相应的物质所需，由此带来科研创新水平的提高及科技产业的蓬勃发展；另一方面，科技的不断创新也必然加速金融变革进程，创新能力提升能为金融变革带来巨大的技术支持。因此，鼓励发展科技金融是助推经济创新驱动发展的重要途径。

三、科技与金融融合的政策背景

党的十九大报告指出，要着力加快建设实体经济、科技创新、现代金融、人力资源协同发展的产业体系，强调了互联网、大数据、人工智能等新技术带来的巨大影响。因此，要解决我国经济发展"不平衡、不充分"问题，必须增强科技和金融服务实体经济的能力，加大科技与金融深度融合发展。

2012年8月3日，国家发展改革委等九个部委和北京市联合发布《关于中关村国家自主创新示范区建设国家科技金融创新中心的意见》，提出："到2020年，实现科技创新和金融创新紧密结合，把中关村建设成为与具有全球影响力的科技创新中心地位相适应的国家科技金融创新中心。"这是国家层面第一个关于科技金融的指导性文件。

2019年2月22日，习近平总书记在中央政治局第十三次集体学习时强调"要运用现代科技手段和支付结算机制，适时动态监管线上线下、国际国内的资金流向流量，使所有资金流动都置于金融监管机构的监督视野之内"。这表明党中央对科技与金融深度融合给予了高度关注。

2019年8月22日，中国人民银行印发《金融科技（Fin Tech）发展规划（2019—2021年）》，明确提出"未来我国金融科技工作的指导思想、基本原则、发展目标、重点任务和保障措施，实现科技与金融深度融合、协调发展"。

党的十九届五中全会审议通过的《中共中央关于制定国民经济和社会发展第十四个五年规划和二〇三五年远景目标的建议》提出，"构建金融有效支持实体经济的体制机制，提升金融科技水平，增强金融普惠性"。这表明科技和金融作为经济增长的两大核心要素，二者的深度融合是新时代我国高质量发展的引擎。

第二节　科技与金融融合发展的内涵

一、科技与金融融合发展的含义及特点

（一）科技与金融融合发展的含义

科技与金融融合发展是在一定时间内金融发展与科技之间互相促进、协同发展，构成科技与金融各组成要素之间共生、互动、匹配、协同，共同推动资源及要素配置、产业结构优化、经济社会发展，从而形成科技金融一体化的经济体系的过程。与此相关的概念是金融与科技的融合度，即金融与科技系统间融合及协调程度。它主要指金融与科技这两大系统的各组成要素之间的相互支撑、匹配和协同程度，是一个相对的概念，反映的是一段时期内金融与科技协调的综合水平。金融与科技的融合度高，说明一段时期内金融与科技之间的协调程度高，金融产业及社会经济的发展相对加快，区域乃至国家的竞争力和整体实力相对提高，并能在此期间获得更高的外部及溢出收益；金融与科技的融合度低，反映在现实中的情况是金融发展与科技的协调发展没有得到重视，两者在社会发展中得到的重视程度和相应比重下降，会使得一定时期内金融产业与科技产业乃至社会经济发育及发展缓慢，经济发展程度在此过程中享受不到两者共同发展所带来的外部及溢出收益，在两者非融合的情况下甚至会对经济和社会发展产生负面影响。金融与科技高度融合的产物就是科技金融一体化，金融与科技的融合使得企业与金融机构间形成纵向分工与横向协作，结成有机联系的产业网络与经济网络，并以产业链和信息网络为纽带将政府、企业、金融机构、教育科研机构等连接成相互依存、合理分工、互助共进的一体化经济体。

科技与金融的融合概念既不同于金融发展学中金融创新的概念，也不同于创新经济学对于科技创新的定义，更不是上述两种定义的简单相加，而是对金融与科技在发展历程中的综合性、一体化的概括。从内涵上看，科技与金融的融合既是金融与科技这两大系统的融合，也是构成这两大系统的各组成要素的融合，通过企业、金融机构、政府、教育科研机构之间的分工协作、优势互补，共同推动资源和要素的优化配置、企业组织结构与产业结构的升级、经济体空间结构与功能结构的合理布局，两大系统及其构成要素有机融合为一个动态和开放的综合系

统——科技金融共同体。科技与金融的融合强调的是在一定时期内科学技术以及技术创新与金融发展的交互作用的时空协调性与协同性。它不是两要素之间的简单组合，而是由功能发挥与分工协作构成的、有机联系的一组创新，在产业发展上不是企业间或者企业与金融机构、企业与政府之间的简单集聚，而是具有内在联系的综合经济发展行为；在融合发展的原因上，资源优势的集聚力不是金融与科技融合的唯一条件，社会资源环境，如政府的公共政策、商业习惯、竞争意识、制度环境和人文凝聚力等因素，在科技与金融融合发展过程中发挥着越来越重要的作用。

（二）科技与金融融合发展的特点

1. 有效性

衡量有效性就是考察金融服务体系与科技型企业在科技产业与金融产业的融合方面有效结合的程度，即衡量科技与金融融合的效率。可以用金融投入和科技产出为维度，用投入产出效率来评价科技与金融融合的有效性。

2. 协同性

科技和金融二者构成的互动协同系统是一个动态发展过程，二者相互影响、相互作用。科技给金融不断提供创新力，反过来金融为高新技术企业提供有效的资源配置和扩张的信贷供给，或相互支持、螺旋上升，或相互抑制、螺旋下降，总体上呈现一种协同演进的特点。根据二者的关联程度，又可分为独立协同性和共同协同性两种不同的协同模式。独立协同性指的是虽然在整体融合系统中二者存在互动关系，但双方又各自保持一定的独立性；共同协同性指的是二者已经近似融合成一个整体，联系紧密、协同发展。两个协同模式主要以双方所保持的独立性为划分依据，前者强调独立性大于协同性，后者强调协同性大于独立性。

3. 风险性

科技与金融的融合发展存在诸多不确定性，二者在融合的过程中会由于外部条件的变化、创新环境的变化而改变融合进程，或加速或延缓，甚至停止融合。科技和金融各自本身具有复杂性和混沌性，其牵连主体过多，涉及现实经济的方方面面，从微观企业到宏观管理机构，从金融机构到金融消费者和金融监管部门都有涉及，所以二者的融合很容易存在风险性。风险性在科技创新和金融创新的融合系统中主要体现为二者协同步调不一致等协同不当，其原因不外乎两点：一是科技和金融各自的主体往往更加关注自身的发展，而忽略对方，缺乏针对性，容易造成融合的匹配度较低和协同性较差；二是杠杆性，以金融衍生品交易为主的金融在提高了资金配置能力、风险转移能力的同时也具有较高的杠杆性，科技的一方具有无法消除的风险，通过这种金融途径，风险会转移到金融系统中，而杠杆性会放大这种风险。金融系统的脆弱性和重要性要求融合系统需要提供较低的风险，而这与金融的本质相悖。由此可见，杠杆性也是造成金融系统动荡，引发现实经济活动震荡的因素之一。

4. 共存性

科技和金融都具有瓶颈效应。科技从发起到在经济活动中产生作用要经历漫长的过程，首先在高校或科研院所产生知识，随后在企业部门实现成果转化的技术创新，在经历巨额资金投入后，产生规模化生产，最终流通于市场之上，形成利润的来源。在此过程中科技创新主体面临着诸多风险，这些风险最终都会集聚成为科技创新的瓶颈。金融在当下的互联网时代同样需要科学技术的支持，如电子通信技术、5G 技术，用来开发新的金融产品或提供更优质的金融服务。通过科技创新和金融创新的融合协同效应可以打破瓶颈形成瓶颈打破效应，优势互补形成优势互动效应。

（三）科技与金融融合发展的形式

复合系统内各元素之间的融合涉及各个方面，主要有多层次、多形式、多角度的融合，其具体表现为系统的时空融合、功能融合和结构融合等。科技与金融融合也不例外，科技与金融融合的形式主要包括结构融合、功能融合和时空融合，金融创新系统及科技创新系统通过以上三个融合形式作用于各融合要素与复合系统所形成的统一体，共同推进经济发展。

1. 结构融合

结构融合反映了融合主体及其构成要素在结构上的有机结合，一般表现为相互渗透、相互制约和促进融合元素之间构成关联作用强弱适当且结构合理的形态。合理的结构融合有利于科技与金融系统结构日趋成熟、经济结构的优化、社会结构的完善。科技与金融的结构融合包含二元复合结构和多元复合结构。二元复合结构体现为金融—科技结构、科技—金融结构，多元复合结构则较为复杂，即包括科技创新—经济—金融创新结构、金融创新—经济—科技创新结构，也包括科技创新—环境—社会—金融创新结构、金融创新—经济—社会—科技创新结构等。

在二元复合结构中，金融—科技结构体现的是金融对科技创新的支持作用，科技—金融结构则体现的是科技创新对金融创新的促进作用。科技创新—经济—金融创新结构表现为在科技促进经济发展的基础之上，金融创新成为经济发展的客观要求，科技间接地促进金融创新，其他多元复合结构体现的则是更为复杂的关系，但都可从中找到科技与金融的内在联系。

各种结构融合的融合主体之间都有较大的差异性，要在其差异性的形成和运行过程中求同存异，需要人为干扰或本身的自我调节而达到协调，因此就会使得资源和能量发生消耗，由于某种原因而使得相互之间不能达到协同或者人为干扰都会为融合带来负面效果。如果某一融合主体的存在超出了（或小于）其他融合主体的承载能力，相互之间的融合就不能达到协调一致，从而为整个融合系统带来退步。

2. 功能融合

功能融合是系统总体融合的实际表现，是通过对各个协同作用的优化组合而使得整个系统的融合负效应最小，从而达到整体系统的功能最优，即通过对各融合主体功能的整合而实现整体复合系统的总体功能最优。金融创新包括有不同的创新形式，如金融安排的创新、金融制度的创新、金融机构的创新、金融工具的创新。每一种创新的功能各不相同，如金融安排创新主要的功能为筹融资，金融制度创新的主要功能是避险，金融工具创新的核心功能是消除信息非均衡和不对称性，通过复制和分解，达到控制风险、降低不确定性的目的。对于科技创新而言，其影响因素之间具有复杂、交叉互动的关系，从宏观到微观，从总体到个体，所有涉及科技创新体系的角色、部门和群体之间相互作用，各因素通过关联和制约而发挥作用的手段及预期目标各不相同。因此，只依靠某一单一的要素不可能使科技创新高效地完成，更难以发挥创新体系中行为主体的作用。

科技与金融的功能融合主要体现在这些创新要素之间的功能互补作用，金融创新通过其功能的发挥有效支持科技创新的发展。各融合主体功能的协同，使得以科技金融一体化为目标的科技与金融在科技功能、社会功能、政府职能、企业职能、经济功能等尽量减小信息与物质耗散的情况下，融合成为一个新的复合系统。也就是说，总体复合系统的功能是通过各融合主体的功能互补而得以实现的。需要注意的是，在科技与金融的融合发展过程中，一般不可能使得科技系统的科技支撑功能、经济系统的经济保障功能、社会系统的建设管理功能和金融系统的融资及风险分散功能同时发挥到最佳程度，人为因素的干扰和系统结构的变化可导致各融合主体的功能出现不一致现象其至相互抵触。在这种情况下，各融合主体不仅不能良性融合，还会因为相互之间的影响而削弱复合系统的整体功能。

3. 时空融合

从金融创新与科技革命发展的历史与现实看，二者并不是沿着各不相关的轨迹孤立发展的，而是在一定的时间和区域内存在基于时间、空间、速度等方面多维的联系，并在很大程度上呈现出一体化协同发展的融合现象。任何系统都不能离开时空环境而独立存在，就科技与金融系统而言，其内部各融合主体在不同时间、不同空间的发展存在很大差异且相互影响，而不同时空的融合主体之间的融合又会直接影响到系统的总体功能。科技与金融的融合在时间上主要表现为不同时期的科学技术、经济环境、金融创新之间的融合，如前期技术与当前金融创新的融合、前期金融创新与当前技术创新之间的融合等。从空间上来看，科技与金融融合是指科学技术与金融的空间融合协调关系，主要体现在融合区域的界定。当二者融合的范围在一个国家之内时，该国的科技、经济、社会、金融系统就需要通过各个融合主体之间的相互作用进行融合。而当其扩大到全球时，该国的金融、科技系统就需要与其他国家内的各个融合主体进行融合，在这个过程中会存在着空间上的转移，融合的对象、关系和过程也会随之发生变化。

举例来说，在科技创新中，其创新主体是企业家不是资本家，企业家在市场竞争中往往会面临资金紧缺的情形，只有得到金融业的支持，才能使生产继续，从而实现创新；反之，如果企业缺乏创新，必然会阻碍金融业的发展，使得金融机构难以存续。在现代经济中，金融机构会对企业的融资需求进行风险和收益的衡量，但有相当一部分的企业未能达到金融机构的衡量标准，不能得到及时的融资，随着时间的推移，金融发展中的风险投资很好地解决了这个问题，成为企业创新融资的重要来源，实现了金融资本与科技创新的融合。

二、科技与金融的深度融合

（一）科技与金融深度融合的含义

科技与金融深度融合是指科技和金融的结合，科技创新带来了金融创新，通过创造新的产品、业务、应用、模式或流程，从而对金融市场、金融机构、金融服务和金融监管等产生重大影响，是现代金融与绿色金融的发展趋势。科技与金融深度融合的关键在于创新驱动，强调将新兴前沿技术作为服务金融发展的手段，在防范和化解金融风险以及维护金融安全和稳定的前提下，遵循金融业基本规律，提升效率并有效降低运营成本。

科技金融融合水平，就是评价科技与金融系融合的程度，解决好如何调用现有的政府资金和社会资源，进行供需双方的资金匹配的问题，以达到合理利用社会资源的目的，并使其最大效率地推动产出。这些社会资源的直接投放主体主要由中央及地方各级政府、风投机构、民间资本等构成，它们利用政策扶持或各种金融工具共同促进本省或区域经济的健康发展。

科技与金融深度融合在我国经济发展中发挥着重要作用，大力发展科技金融能够促进经济结构转型，推动创新创业发展，加快金融行业市场化进程；同时推动社会发展与收入均衡，有利于中小微企业、农户贷款，提升交易效率，降低交易成本。

（二）科技与金融深度融合的重要意义

1. 推动经济发展和创新创业发展

（1）推动经济发展

科技与金融深度融合对于稳增长、调结构、促转型、惠民生都具有重要意义，为坚持和实施创新驱动发展战略提供了有效支撑。新一代信息技术、高端装备、生物技术、新材料、新能源、绿色环保、航空航天、海洋装备等产业市场前景广阔，代表了新一轮科技革命和产业变革的发展方向，是培育发展新动能、获得竞争新优势的重点领域，加大对这些领域的资金支持力度有利于促进产业结构调整升级和经济高质量发展，发挥资金引导作用，增强资金支持的针对性和有效性，优化社会融资结构，保证重点在建、续建工程和项目的合理资金需求。另外，科技金融的发展还有利于化解产能过剩的矛盾。

（2）推动创新创业发展

科技创新、科技金融体系作为区域知识经济健康发展的基本保障，系统内各要素联系密切，共同推动创新创业高质量发展。由于科技创新的高风险、高投入、高收益和市场超前性等特点，科技金融主体倾向于投资具有高潜在价值和未来收益的创新项目，从而获取高额回报。对此，应该构建完善的科技金融生态系统，为科技创新活动提供资金支持和条件保障，结合"事前有目标、事中有监控、事后有评价"的全过程监管方式，助力科技金融资源优化配置，促进科技成果高效转化，推进产业发展良性循环，实现国家科技创新体系全面可持续发展。

2. 推动社会发展与收入均衡

（1）促进中小微企业、个体工商户、农户的融资

科技金融结合科技与金融的优势，能够在一定程度上缓解中小微企业、个体工商户、农户融资难的问题。中小微企业、个体工商户和农户大多处于发展的初创期或成长期，存在规模小、资本实力弱、实体性资产少、存活率低、创新风险高、市场前景不确定等问题。因此，大多数中小微企业、个体工商户和农户都面临着融资难、融资贵的困境，其创新和发展一直受到资金短缺的制约，一旦出现资金链断裂的情况，技术创新活动就难以为继，甚至面临减产、停产或破产的风险。

（2）提升交易效率

科技金融可以解决企业融资安全、风险、成本、机构间可信、服务效率等一系列基础问题，重构金融生态，提升交易效率，降低交易成本。科技金融基于人工智能、大数据、区块链、云计算等技术创新全面应用于金融业务各类领域，实现"金融＋科技"高度融合。因此，与互联网金融相比，科技金融的内涵更加丰富，涵盖金融活动的全部环节，包括所有能够应用于金融的科技创新，并且能够影响各类金融服务参与者；同时更具有互补性和兼容性，并聚焦于金融本质，风险相对较低，能够为广大人民群众提供更好的金融服务，扩大运营服务的边界，使更多的人能够享受到无法用传统办法享受到的金融服务，并降低了交易的成本。

3. 促进金融监管与加快金融行业的市场化进程

（1）提升监管效率与监管质量

科技金融有利于助推监管科技的发展，可以用于维护金融体系的安全稳定、实现金融机构的稳健经营以及保护金融消费者权利。中共十九大、第五次全国金融工作会议、2020年中央经济工作会议均对金融稳定发展提出了更高的要求。对传统的金融业监管来说，一方面，金融监管机构面临监管任务繁重、监管体制不合理导致的监管缺失、监管技术发展滞后的压力；另一方面，金融机构为了适应强监管要求，也需要为合规付出更多成本。

而随着关键技术的突破、科技金融领域的发展，科技行业拉开了与金融行业深层次融合的序幕。在扩大金融服务边界、提高金融交易效率、降低金融交易成本、减少金融交易信息不对称性的同时，也为改进监管手段、降低合规成本带来了新的机遇。随着以大数据、云计算、人工智能、区块链技术为代表的

新兴信息科技的迅猛发展,科技已经开始向社会生产、公众生活的各个领域渗透。当科技与金融监管深度融合时，监管科技开始逐渐进入金融监管机构和金融机构的视野。

（2）加快金融行业的市场化进程

科技金融的发展，有利于加快利率市场化的进程，有利于社会和民间资本参与到金融市场中。互联网金融的出现，降低了金融服务的门槛，吸引了众多金融主体参与，互联网金融的多元化服务对象与业务主体，使金融市场的竞争更加充分，交易更加公平，产品的定价也更加合理。科技金融加快了金融行业的市场化进程，具体表现为它加快了利率市场化的进程，也让更多的社会资本、民间资本能够一起参与到存贷款领域中，为小微企业融资、农户融资提供更多的便利。

三、科技与金融融合发展的关系

科技与金融作用于经济发展的两个重要子系统，二者之间存在着密切的内在关联性。

一方面，科技创新具有高风险、高投入、高收益等特征，从研发到生产，再到产业化，各个阶段都有持续的资金需求，因此，持续的金融投入和金融支持是科技创新得以实现的必要条件。市场上金融机构的介入和政府金融政策的支持是科技创新提高社会生产力的关键性因素，金融与科技创新之间具有相互保障、相互促进和相互拉动的关系。此外，金融市场还能提供价格信息、流动性供给、风险的转移和规避、公司的管理等功能，为科技创新提供了功能性保障。

另一方面，科技创新所带来的信息技术优势导致了金融创新的发展。在现代信息技术发展和金融机构服务综合化、全能化的趋势下，方便、优质、高效、多样化的金融服务成为可能。信息技术的日新月异刺激了企业客户需求目标的提高，客户需求的多元化和高层次性也导致了金融创新的进一步发展。

科技与金融在发展历程中的共生、互动、匹配与协同成为经济发展的客观必然。

在科技与金融的融合中，政府制定的相关政策、制度以及提供的支出是两者融合发展的重要依据与动力，影响着两者融合发展的效率与程度。而从生产要素流动角度来看，以资本、信息、人力、技术为主要载体的要素流动则在科技与金融的融合中发挥着主要作用。资本、信息、人力、技术的跨空间、跨时间、跨区域流动直接促进了科技与金融融合发展。

（一）科技对金融发展的促进作用

科技可以推动金融服务的转型发展，科技的高风险、高回报特征也为金融发展提供了逐利空间。

1. 提高金融服务业的效率

金融业的相关业务会频繁使用信息技术，从而实现资产转移的电子化和信息交换的自动化，这是在科技创新的新时代产生的一种新的金融交易模式，数据处理技术和通信技术的进步促进了金融工具的多样化以及金融交易的网络化，从而提高了金融数据的处理速度和金融服务的效率。信息技术通过改进金融业务的处理流程提高了银行等的服务质量和服务效率，加快了金融业的发展。

2. 影响金融市场的发展

科技创新通过对传统的产业进行优化升级来促进新技术在全社会的扩散，这样也会带来新型产业的兴起，并增加金融市场的融资需求。金融市场为了满足技术创新所产生的融资需求，会扩大融资方式，更适合高风险类型的股市市场。而技术创新的企业往往会为自己的技术申请专利保护，这样企业就可以追求技术的垄断利润。企业会在追求垄断利润的过程中产生市场风险和纵向周期风险，通常需要金融市场来为企业分散风险，因此增加了对金融市场的需求。

3. 降低金融市场的交易成本

科技创新可以通过计算机数据处理技术和通信技术来加快信息的处理速度、测算金融风险程度和进行决策的量化分析，从而提高金融行业的服务效率，并节省了大量的人工成本，减少了金融信息误差处理的成本。例如，20世纪60年代之后，金融规模迅速扩大，手工操作的效率低下且差错频频，曾经引起了"后台危机"。随着计算机技术的发展，计算机逐渐取代人工，不仅金融服务效率提高，而且还提高了金融数据处理的速度和准确性，大大降低了金融系统的运行成本。

4. 推动金融市场制度环境的改善

科技创新的源动力需要有完善的市场制度来维护，因为科技研发需投入大量资源，但可模仿性强，如果没有相应的市场制度来对科技创新进行保护，创新主体将会无法获利，从而失去创新的源动力。因此政府需要制定完善的法律制度和科技创新制度来对科技创新的项目进行保护，以保护创新主体的利益。技术创新会促进分工，会使金融市场的交易增加，从而使得金融市场更加复杂，为了避免产生金融风险，对金融监管提出了更高的要求。因此需要更加完备的法律体系来维护投资者的合法权益，以规避因金融规模扩大带来的金融风险，这些都需要政府的监管，从而推动金融市场外部环境的完善。

（二）金融发展对科技的支持

科技创新离不开资金支持，无论是研发过程还是科技成果应用，都离不开金融体系的资金支持。总体来说，金融发展对科技创新的支持是通过以下四个机制来实现的，即支持科技创新的融资需求、分散科技创新的风险、激励科技创新和科技创新信息披露。

1. 支持科技创新的融资需求

科技创新需要经历研发、创新和扩散这几个阶段，每个阶段都需要大量的人力和设备投入，也离不开资金的支持。产品的研发时间一般都比较长，需要持续不断的资金投入，此时就需要企业从外部融资来保证资金跟得上研发的进程。金融体系作为一个外部的融资体系，此时就可以发挥中介的作用，将外部资金源源不断的向企业输入，满足企业的资金需求。金融体系还可以对不同的行业进行分流，促进高科技产业或行业的优先发展。

2. 分散科技创新的风险

科技创新高风险（流动性风险、收益率风险和不确定风险）、高投入以及周期长的特点致使许多投资者望而却步，而金融体系可以通过提供跨期风险分散工具和横向风险转移渠道来分散和共担风险。金融机构的风险分散机制主要通过金融中介来实现。银行从居民手中吸收资金然后用于发放贷款，这时银行会对居民的流动性资金进行测算，从而保证居民不会因为资金需求而中断资金供给。银行在贷出资金前会对企业进行考核和监察，通过监督经营过程中的财务状况和市场披露来规避风险。金融中介通过降低企业内部融资的流动性和承担项目的不确定性来分散不同种类的风险，以满足长期科技投资降低风险的要求。

3. 激励科技创新

银行等金融机构作为众多社会投资者的代理人对企业进行监管，在选择贷款对象时会对不同的对象进行财务状况、投资前景和市场潜力的分析，给贷款者建议更好的投资对象，将金融资源运用到更具有价值的创新项目中。这样也给创新主体施加了压力，提高了创新主体的创新动机。银行还会在发放贷款时跟贷款企业签订一系列的信贷契约来约束创新主体的行为，对创新企业的财务状况和经营情况进行监控和跟踪，无形中对创新主体形成了激励约束。

4.科技创新信息披露

无论在产品的研发还是产品的生产阶段，都存在各方的信息沟通。信息的不对称会直接影响企业的创新融资决定和投资个体的投资决定，然而现实中却存在很多的信息不对称现象。高效率的金融市场可以反映真实的市场交易状况，以便投资个体根据自身的风险偏好和风险承受能力做出正确的投资决定，使得金融资源得到合理的运用。比如银行有专门负责信息处理的技术系统和人才，可以通过历史信息积累等渠道来获取客户信息，进而对投资项目进行事前筛选和事后监督，保证投资收益率。

第三节　科技与金融融合发展的策略

一、政府层面的策略

（一）加强政府的引导作用

1.完善政策

法律法规和政府政策是政府作用于科技与金融的重要体现，是科技与金融融合中外部环境的重要组成部分，对科技与金融融合的外部环境中其他部分有较大的影响，如服务配套体系、社会信用体系等。科技与金融的有效融合，在很大程度上有赖于法律制度和政府政策是否鼓励金融创新和科技创新，能否为两者的有效结合提供足够的发展空间和激励措施。我国现有的金融法律法规针对金融机构业务、金融工具的运用方面还存在着诸多限制性规定，制约了金融资本对科技创新的有效支持。为此，相关部门应该采取措施，对现有的相关金融法律法规以及支持科技创新的政策法规进行进一步的修改与完善。

政府需要实时关注市场走向，完善政策等上层建筑，用以引导社会各部门资源的有效配置。同时，政策制定方面也要更加体恤企业，比如对于科技型企业的财政税收补贴政策，相关的政府部门应该从企业角度出发，换位思考，最大限度地精细化审批手续，尽量缩短相关材料的审批时间，让政府资金的划拨尽快流向社会上真正资金短缺的部门。

另外，政府也要高瞻远瞩，紧跟时事热点，对于当前极具发展潜力的新兴科技或高新技术企业积极给予财政支持，以期在未来支持区域经济发展，而对于技术水平落后且效益较差的科技型企业，政府应实地考察，引导这部分企业提升技术水平、转向其他相关的高技术领域或退出市场，以保证社会上的金融资源的有效利用。

2. 强化资金监管体制机制

科技型中小企业的"轻资产、高风险"的特殊属性使其在市场融资方面远远不如其他实体企业那样有优势，所以，对于处于初创期或成长期的科技型中小企业，政府应该在有效评估其成长潜力后酌情给予相应的资金支持，这样一来，也可以引导市场上的金融机构更加重视这些由政府认可的高成长性企业，充分调动市场积极性，实现金融资源的有效配置。

政府作为科技金融的特殊参与主体，有责任和义务为科技金融建设提供必要政策及资金支持，政府科技拨款结构不仅对科技金融效率有显著正相关关系，而且能正向促进科技企业各阶段产出，即政府对科技金融的支持将贯穿科技企业整个生命周期。因此在越来越完善的科技金融政策背景下，合理的政府科技拨款结构能够加速科技金融建设，政府应立足地区科技金融现状，结合地区特色优化政府科技拨款结构，合理规划资金配置方式及效率，有效引导外部资金进入科技产业，如政府可借助金融市场合作、设立引导基金等方式刺激外部资金流入科技金融产业，并在此基础上完善资金使用监督机制，建立引导基金绩效评价机制等对资金使用进行实时监督，以加速金融投入转化为产出，并在监管过程中进一步优化政府科技金融政策。

（二）增强政府协调能力

当前的科技创新与金融创新对接瓶颈短期内无法实现，政府要将工作重心放在促进科技创新与金融创新融合发展上，有序协调各方资源，提高科技创新与金融创新融合的协调能力，对各地资源的调配能力将会进一步加强，有利于发挥政府的集中管控能力，提高科技创新企业的创新能力。

在建设各地创新示范区的过程中，要充分发挥政府的协调能力和宏观调控能力，为本地企业的创新发展提供良好的创新环境，各级政府都要参与其中，建设一流、高效的科技创新与金融创新融合发展体系。此外，各级政府还应强调政府的组织能力，规划一条切合实际、符合广大人民切身利益的科技创新与金融创新融合发展道路，不断加强科技创新与金融创新融合基础设施建设，完善创新创业相关法律法规，持续改善高新技术企业的发展环境，达成"保稳定、促发展"的任务目标，打造新一轮的科技创新与金融创新融合发展平台，加大统筹规划和协调力度，实现经济的可持续发展。在向科技企业提供融资的同时，可以辅以政府配套资金，实现政府与市场二者的良性合作，培育一批具有高质量的科技创新型企业，不断完善金融创新环境，提供更加高效和广泛的金融支持。

政府应该积极响应号召，充分发挥引导能力，将科技创新与金融创新融合作为促进经济发展的又一个增长极。一方面要完善现有促进科技创新与金融创新融合发展联席会议制度，改革审议过程，增加省科技厅（科学技术厅）、中国人民银行、政策性银行和高校联盟等单位，挖掘科技创新与金融创新融合发展新动能，对全省的科技创新与金融创新融合发展进行统筹协调；另一方面要加强政策宣传力度，争取把政策意图下达到基层，举行企业可以广泛参与的科技创新与金融创新融合会议，吸引民间商会组织参与会议，采纳科技创新企业的意见和建议，完善政府工作制度，牢牢把握国家大力发展科技创新与金融创新融合的政策机遇期，对符合条件的科技创新企业加大扶持力度，继续开展乡村振兴活动。科技创新并不只是城市企业的责任，而是全体人民的责任。

（三）重视市场作用

政府在进行宏观调控时，不应该只关注政府职能的实现或相关政策的实施效果，还应该重视市场的作用。政府应该着力引导市场各方力量参与到科技金融服务体系中，包括银行科技支行或分部、金融机构（如风险投资公司、咨询服务公司和科技保险公司等）及民间资本等，帮助科技型中小企业获得多渠道的资金支持。而这一切都要政府逐渐放权才能实现，并且在此过程中要不断探索、建设以市场为主导的科技金融服务体系，尽快完成由政府主导到市场主导的过渡，最大限度地发挥市场的力量。

政府在进行财政资金划拨时，要提前做好充分的调研，并且要多部门协作，争取让金融资源投入可以被市场有效消化，减少投入资源的冗余值，尽量避免产出不足状况的发生；在金融资源的后续使用上，也要实时或定期监测资金的流向，以保证资源真正被利用，而不是被浪费。

（四）开创政府支持的融合发展新模式

在逐步完善资本市场的过程中，还应打通风险投资进出通道，优化企业融资条件，对高新技术企业的创新发展提供助力。政府和银行主导的融资模式在效率方面与资本的市场主导模式相比处于劣势地位，此外，市场主导模式还具有风险管理功能，可以对科技型企业的创新风险提供一系列分散、转移等策略，直接融资方式的交易成本也比间接融资方式更低。政府应在新三板、中小板和创业板市场上给予一定扶持和帮助，通过民间资金的进入，有效分散间接融资风险，达到多赢的局面。对此，一方面要积极引进风险投资机构驻扎，另一方面要发挥商业银行的优势作用，将银行资本要素配给到实体经济中，减小对于房地产、高能耗国企的信贷力度，加大对于已有产业集群建立区域性科技银行，发挥银行的信息优势，打通银行资本到小微企业的通道，为高新技术企业提供资金保障。

政府在这一过程中仍有发挥作用的方式。一是对建立的科技银行所发放的贷款进行贴息，降低科技创新企业融资难度和融资成本，提高全社会对于创新的积极性，有助于集中精力发展科技、降低科技创新风险。其中对于贷款的贴息资本可由地方政府科学技术支出提供，改革现有财政拨款模式，将一次性的贴息政策改为长期、多年的累计贴息，减轻财政负担，惠及更多科技企业。二是将原本大量向科技企业研发部、高校科研机构和各大科研院所的直接拨款放入引导基金中，并额外设置风险补偿保险措施，减少基金面对的科技创新风险。由于有政府信用作为兜底，提高了社会对于基金风险的容忍度，降低了基金投资对象的准入门槛，这种由政府出资、民间保险公司介入的科技创新与金融创新融合模式已在全国多地取得了良好成效。

二、金融体系层面的策略

（一）金融市场体系

金融市场是当今世界创新型经济的发动机，金融市场一方面能满足创新的筹资需求，另一方面能分散创新风险。金融市场、风险投资和科技产业的良性联动，能够不断发现并推动企业创新和经济发展。但科技型企业从初创到成熟的过程，会经历不同阶段，在每一发展阶段，企业的规模、盈利能力、发展目标、技术创新活跃程度、抵御市场风险的能力都不相同，因此企业的资金强度、资金筹措能力等也存在较大的差异，不同成长阶段的企业适用不同的融资策略，单一的金融市场体系难以满足不同层次、不同阶段企业对技术创新融资的需求，而多层次的金融市场体系能够为不同性质的企业提供多元化的融资渠道，解决风险资本流动与退出机制问题。因此，应加快构建多层次金融市场体系，为增强自主创新能力和科技进步提供有效支持。

为满足我国作为一个发展中大国的经济发展需要，以及我国科技创新对金融安排的要求，构建与科技创新相容的多层次金融市场体系的战略设计应该根据企业的规模、成长性以及风险承受能力等标准，将我国金融市场设计为四个层次，即主板市场、二板市场、三板市场和技术产权市场，它们共同构成为企业提供融资的多层次金融市场。不同规模、不同层次、处于不同生命周期的科技企业可以根据自己的需要，从不同层次的金融市场融资，而不同层次的金融市场构成相互联系、相互协调、相互补充的关系，信息、资金在不同的层次金融市场之间进行转移，最终形成以场内市场为核心、场外市场为支撑的，大中小市场共生、互动的全方位、多层次金融市场体系。

（二）金融组织体系

在金融组织体系方面，科技创新金融支持体系的设计与优化并非对既有的传统金融组织进行简单的修补，而是根据科技创新的运动发展规律，对金融组织进行创新性的设计与优化，以更好地满足科技创新的融资服务需要。优化金融组织体系的指导思想是，针对不同的风险程度，建立与之相匹配的金融组织。该体系要求包括政策性金融机构与商业性金融机构，国有（国有控股）金融机构与民营金融机构、中小金融机构，中资金融机构与外资金融机构，商业银行与非银行金融机构等在内的金融机构，有效竞争、和谐共处，为企业的自主创新提供多样化、全方位的金融服务。

1. 风险投资机构

风险投资机构是科技创新金融支持体系的重要组成部分。它是由风险资本组成的专门对处于发展早期阶段的技术创新型企业进行投资，并以获得高额资本利润为目的的资本组织形态。其投资的主要领域就是高新技术及其产品的研究开发领域。与传统融资方式的不同之处在于，风险投资是一种动态投资行为，它不仅满足科技创新的资金需求，还参与到科技创新活动中来，注重科技创新成果的转化过程，从而加大了科技创新成功的概率。

2. 商业银行

改革开放以来，我国银行业从资产、负债规模、收益绩效方面都出现了爆发式增长，但长期以来商业银行大都以国有大中型企业为信贷支持的对象，忽视了科技创新型企业的资金需求，甚至主动放弃了以科技创新型中小企业为中心的巨大的潜在信贷市场以及金融服务市场。而随着社会经济的发展升级，科技创新型企业已经成为国民经济发展的微观基础与主力军，在这种大趋势下，商业银行就需要积极进行管理理念、管理方式、业务模式等金融创新，积极融入科技创新发展的金融支持体系，更好地服务于科技创新并获得相应收益。

3. 国家科技发展银行

为高新技术产业开发区和科技型企业设立专业化的政策性银行是科技创新金融支持体系建设的重要步骤。科技创新活动存在巨大的外部和溢出效应，因此国家应该对科技创新企业的金融支持提供一定的政策性安排。国家科技发展银行的职责，主要是对国家重大科技专项、国家重大科技产业化项目的规模化融资和科技成果转化项目、高新技术产业化项目、引进技术消化吸收项目、高新技术产品出口项目等提供贴息贷款，给予重点支持。除了国家级科技发展银行，待条件成熟时，还可组建地方科技发展银行，专门落实对科技创新型企业的扶持。地方性科技发展银行，可由城市合作银行、城乡信用合作社改制而来，充分发挥这些地方性银行对当地经济情况比较熟悉的优势，为科技创新型企业服务。

（1）实行对科技型企业有针对性的专业化运营

设立专门服务于科技型企业的科技发展银行，其贷款客户及贷款依据均要区别于传统的商业银行。传统商业银行主要依据流动性、安全性和效益性的"三性"原则发放贷款，科技发展银行则通常借助风险投资，构建风险管理架构。然而，目前银行信贷体系与科技型中小企业风险特征矛盾依旧存在，科技发展银行作用并未凸显。银行信贷体系由于受限于现有监管制度，与科技型中小企业的高风险、规模小等特点存在差异，影响了银行对中小企业的贷款支持，新业态企业融资难问题依然突出；科技发展银行的服务功能受现于银行体制的影响，其经营业务与对象与一般的商业银行无异。因此，国内的科技发展银行应回归其本质定位，区别于传统商业银行的发展。

设立并发挥科技发展银行的作用应加强针对科技型企业的交易制度设计。科技发展银行要将科技型企业作为主要客户，针对不同行业设立专家团队，提供专业的融资匹配及创业服务。

科技型企业具有轻资产、重技术、新模式、非线性、高成长等特点，往往在早期难以产生盈利，无法实现在国内A股市场上市融资。"新三板"挂牌标准放宽了财务指标要求，允许未盈利企业挂牌融资，然而交易制度不完善等原因，也影响了"新三板"对优质科技型企业的吸引力。据统计，中关村"独角兽"企业中，约1/3拟在海外上市，未将国内A股市场或"新三板"作为融资首选地。现有制度安排未能充分体现对科技型企业的支持，对优质企业吸引力不够。大量发展潜力好，但尚无盈利、未形成一定规模的科技型企业难以符合 A 股市场上市标准。

所以，要对科技型企业的业务模式、交易形式、适应政策等进行创新、改良，优化资源的合理配置，有针对性地推进企业实体化运作，打造专业化运营管理体系。可以建立由政府部门、证券交易所、证券公司和科技发展银行联合参与的科技企业上市联动机制，形成"培育一批、改制一批、辅导一批、送审一批、上市一批"的科技型企业上市促进工作体系；完善企业改制上市服务机制，支持符合条件的企业在境内外资本市场上市；完善资本市场转板制度，建立有机联系的多层次资本市场体系。

（2）建设以技术为依托的融资服务与风控体系

充分利用云计算、大数据等技术搭建完整的服务链条，提供全方位综合性金融服务，如银行贷款、风险投资、上市融资、并购基金等，贯穿完整的服务链，并针对企业各个发展阶段及特点，提供定制化服务，从而达到巩固客户群的效果。借助投融资板块强化对科技领域尤其是市场失灵处的融资，全力推进一体化科技金融服务体系建设。打造形成天使投资、创业投资、科技贷款、科技担保、科技租赁等多元化科技金融服务体系，提供以技术为依托的融资服务。

在风险管控方面，开展、推进金融科技标准研究，推动金融科技在金融产品创新、风险分析管理及信用评级方面的应用。支持金融机构开展区块链、智能金融等一批技术前沿、行业影响力大的金融科技示范应用项目，利用云计算等技术针对不同的投资对象，采取知识产权或专利等无形资产抵押形式、股权与债权的组合投资形式、与风投机构形成共享联盟的联合投资形式，及时、有效地降低风险。

另外，引导科技发展银行开展机制体制创新和产品创新，持续完善科技创新贷款"三查"机制，形成符合科技创新规律的风险管控流程模式，不断优化科技信贷业务结构和规模占比，支持科技型企业通过信用贷款、知识产权质押、应收账款质押、股权质押和信用保证保险等方式获得贷款。建立完善知识产权评估和流转处置、融资担保、再担保、科技保险等市场化风险分担补偿机制，以此来引导推动以技术为依托的融资服务与风控体系建设。

（3）实施创新的融资规则

由于科技发展银行的主体业务是帮助科技创新型企业融资，传统银行的法律法规不完全适用，原有的融资规则对科技发展银行向科技创新企业提供金融服务带来了一些困难与限制。例如，对于传统商业银行除非单独申请牌照，否则不能进行股权投资的规定，限制了科技发展银行业务的开展，对其盈利能力和发展动力均有较大影响。对于初创企业缺乏固定资产抵押的问题，相关规定也应该适当变通，允许企业以技术专利、知识产权等无形资产作为抵押物来进行融资。

总而言之，应有针对性地允许科技发展银行在一定范围内开展直接投资，放松对固定资产抵押的相关规定，允许企业以技术专利、知识产权等无形资产作为抵押物来进行融资。当然，在此过程中应明确相关估值和授信标准，以减少银行的风险、降低企业的融资成本。

（4）加快建立完善贷款利率市场化机制

中小微科技型企业在发展初期风险较高，同时我国目前的主要融资渠道仍集中于银行放贷，而银行放贷只能按照国家统一贷款利率标准放贷，难以实现对科技型企业的放贷风险补偿。一旦科技型企业的创新创业失败，贷款就会形成银行的坏账，按照"谁放贷谁负责""终身追责"的银行问责制度，银行自然不愿意向高风险的科技型企业放贷，尤其是不敢给中小微科技企业放贷，这其中约90％的中小微企业是民营企业。解决这一问题的关键是加快建立完善贷款利率市场化机制，要真正引入市场化机制，让风险匹配价格，让市场决定贷款利率，才能从根本上解决银行借贷的难题。科技型企业的资金需求是刚性的，只有满足银行的风险溢价需求，才可能从根本上使资金供需达到平衡。

4. 中小金融机构

在一般情况下，科技创新型企业在初创期规模都比较小，有形资产不足，信息缺乏对称性。因此，国有大型银行一般不愿意涉足中小企业信贷领域。而地方性中小金融机构在为科技创新型中小企业提供融资支持时有其一定的优势，因为地方性中小金融机构最能充分利用地方的信息存量，容易以低成本了解到地方上中小企业的经营状况、项目前景和信用水平，相对容易克服"信息不对称"和因信息不对称而导致的交易成本高等问题。允许地方性中小金融机构进入市场平等竞争，积极扩大信贷领域，为科技创新型中小企业融资提供更多的渠道，是促进科技发展，构建科技创新金融支持体系的重要内容。

（三）金融业务体系

1. 科技创新产业投资基金

科技创新产业投资基金是通过发行基金，将投资者的不等额出资汇集为一定规模的信托资产，交由专门投资管理机构直接投资于特定高新技术产业的非上市公司，并通过资本经营和提供增值服务对受资企业加以培育和辅导，使之相对成熟，实现资产增值，利益共享、风险共担的一种金融投资形式。产业投资基金能够较好地满足科技创新型企业在资本支持和经营管理服务上的双重需求，是支持我国科技创新和创新成果产业化、提高我国产业领域的科技含量、实现经济集约化发展的一条有效途径。

2. 科技创新贷款

成功开展科技创新贷款服务，关键在于不能把过去传统企业贷款管理模式照搬到科技创新贷款上来，而要用全新的理念、方式和经营模式来做。一是积极开发为科技型中小企业服务的贷款品种，如仓单质押贷款、货权质押贷款、银票质押担保贷款、信用证担保贷款、企业法人周转经营贷款、应收账款质押贷款等。二是引入自然人担保、大股东担保等担保方式，解决科技型中小企业不动产抵押不充分的难题。三是针对处于不同发展阶段的科技型中小企业提供不同的个性化融资产品，适当降低融资门槛，如对发展初期的小企业，只要能够提供足够的抵押质押担保，可以不进行评级授信，直接提供贷款；对持续发展能力较强的小企业，应制定适合小企业特点的客户评级办法，按级给予相应的金融服务；而对于财务信息比较充分、信用记录较好的中型企业，应在进行信用评级的基础上，给予一定的投信额度，以充分满足企业发展的资金需求。

由于科技企业本身存在的高风险、轻资产及经营周期长等特点与银行谨慎、稳定的经营原则相悖，使得银行资金大多在企业成熟期进入。银行资金投入结构对科技成果产业化阶段产出有显著正向作用，而对研究与发展阶段的产出呈不显著负相关关系，在有效避免信息不对称的基础上处于科技成果产业化阶段的企业可加大银行贷款力度。同时，政府也应鼓励银行转变贷款理念，有效利用科技创新企业所形成的专利、商标、知识产权等轻资产，创新传统贷款审批模式，建立并完善有效评估企业轻资产的评估体系，为科技创新企业提供定制化的质押贷款产品，用科技创新企业的发展潜力衡量贷款规模及期限。

而在今后的发展中，银行应转变姿态，从被动引导到主动出击，主动进行相关的信息获取和市场调研，与高成长性的科技企业或项目进行合作，实现双赢。而且，对于处于不同成长周期的科技企业提供贷款时，应当进行区别化的资质审核、资金审批、贷款结构设置，从而合理控制信贷风险，并使科技型企业的生产周期与信贷期限相匹配，以满足更多企业的资金需求。同时，可以将科技支行或下设科技分部建在科技型企业高度集中的地区，既方便科技型企业了解政策导向，也方便银行熟悉该地区的企业特点，从而为不同特点的企业提供更具个性的信贷方案。另外，对于风险的控制，科技支行可以与科技厅、担保公司进行合作，研发出创新信贷产品，进行"风险共担"的尝试。在后续的银企合作风险控制方面，可以延续并拓展更加多元化的合作来共担风险，并健全风险预警机制，更好地为科技型中小企业服务。

3. 科技债券

债券融资是企业外部融资的重要形式，对于科技创新型企业的融资具有重要意义。首先，发行债券可以在低利率或利率趋于上升时候，改善企业的财务状况和资本结构，降低财务风险；其次，发行债券可以督促科技型中小企业合理安排资金，提高资金流动性以及使用效率；最后，债券市场的存在为不能上市的中小企业和高新技术企业提供了一条资本市场融资的有效渠道。

（四）金融服务体系

为保障创新驱动发展战略的实施，要积极完善科技创新的金融服务体系。银行、保险、证券等金融行业应不断创新金融模式，提高金融服务质量，使资金链、科技创新和产业链紧密结合，从而推动金融资源与科技创新的进一步融合。

对于银行业来说，首先，应该保证科技创新的融资支持，不断优化金融机构存贷款规模和结构；其次，应不断开拓创新适合新技术、科技企业的特色金融产品，以满足科技创新主体的多重需求；最后，应创新银行服务模式，探索科技银行、创业银行等专门科技金融机构的服务模式。

对于保险业来说，首先，应增加与新技术、新产品相关的保险服务，以满足对新科技的风险管理和流动需要，提高科技成果转化效率；其次，应创新保险赔付模式，如"可转换保费"等，以推动保险资金转向科技项目和企业；最后，应增加与科技创新相关或专门的保险机构，以政府财政支持为保障，对科研机构和科技公司给予一定的科研经费和损失赔偿，结合政府力量与市场力量，推动科技创新的发展。

对于证券业来说，首先，应进一步发展债券、股票等多样化资本市场，以满足不同规模和类型创新主体的融资需求；其次，应继续扩大中小板市场，提高创业板包容性，激发股市活力；再次，应加快新技术、新产品的债券市场制度建设，以简化审批流程，规范资金流入流出；最后，应借助网络平台，拓展互联网金融服务体系，以提高资本市场服务科技创新的效率。

三、企业层面的策略

（一）完善科技企业发展的创投机制

鼓励长期资金投向科技型战略性新兴企业，建立创投多层次退出机制，政策支持引导创投行业健康发展等都将为完善科技企业发展的创投机制增添助力。

1. 鼓励长期资金投向科技型战略性新兴企业

一是从鼓励项目角度来看，应引导长期资金进一步投向高端"硬技术"创新，避免投向中低端技术或商业模式创新；重点支持前端原始创新，及早跟踪并主动介入其中，提升原始创新能力；加快科技成果落地转化，为经济高质量发展营造良好环境。要创新财政资金的使用方式，发挥财政资金的引导及杠杆放大作用，通过市场化机制筛选优质投资管理机构及高成长企业进行扶持赋能。企业的项目资金还应专注于中早期项目投资和战略性新兴产业投资，侧重于业绩良好、符合投资标准、落地可行性高、有较强科技增值服务能力的企业项目，以此支持战略性新兴产业发展、促进科技成果转化、推动科技金融创新。

二是从资金渠道角度来看，应继续发展政府引导基金，加大这些基金对科技型企业的投入力度；鼓励证券、保险、信托等金融机构参与创投机构的设立，目前证券、保险、基金等机构的资管大多都在做通道业务，建议可以制定相关优惠政策，鼓励上述机构参与创投的设立与发展；鼓励非金融国企参与对科技型企业的投资，在混合所有制改革中，应鼓励国有资本通过创业投资开展资本运营，通过公共资本与私人资本合作的方式来促进创投良性循环发展。

2. 建立创投多层次退出机制

创业投资基金是中小企业重要的直接融资渠道，是落实新发展理念、服务实体经济的关键力量，主要可以通过并购、IPO（首次公开募股）、新三板、股权转让、回购和清算这几种方式进行退出实现收益。然而，证监会为传统企业设计的 IPO 审核条件过高，导致科技型公司难以上市，创投基金无法及时退出，也使得国内资本市场在"独角兽"公司的争夺战中处于下风的问题频频出现，改革发行制度迫在眉睫。证监会已明确表示，要吸收国际资本市场中有效、有益、成熟的制度和方法，努力增强制度的包容性、适应性，加大对新技术、新产业、新业态、新模式的支持力度，长期稳步推进的注册制改革大方向应该坚持。针对创投退出机制不完善的问题，需要在未来进一步完善退市制度、集体诉讼制度、发行定价制度、做空机制、交易机制等以构建多层次退出机制，突破发展桎梏，完善多层次资本市场。为更好调动创投基金进行长期投资、价值投资的积极性，要通过有效的政策支持形成"投资、退出、再投资"的良性循环，这对于创投企业本身和初创企业都十分重要。在此基础上可以完善多层次资本市场，打通场内与场外市场的联系，建立起明确、规范的流动体系。一是鼓励符合条件的科技型企业在证券交易所增发股票进行股权融资，并推出转板机制，建立企业在创新层逐渐成熟后向上转板的通道；二是完善竞价交易制度，引入公募基金等机构投资者、放开投资者门槛以及做市商扩容再分层等制度；三是提高创新层公司的规范运作、信息披露的自主性和有效性，落实挂牌公司信息披露部门和董事会秘书的主体责任，适当调整服务于创新层企业的券商持续督导的要求，由终身督导变为有期限督导；四是在创新层中建立科技型，科技型企业是创新层企业的主要优质力量，单独建立科技型具有现实意义，可以针对科技型单独建立规则。

3.政策支持引导创投行业健康发展

积极发挥国家新兴产业创业投资引导基金、国家中小企业发展基金以及各省市科技创新基金的引导和放大作用，与社会资本合作组建股权投资基金，加大对前沿引领技术、颠覆性技术转化的支持力度。支持天使创投机构在科技创新园区建设创投项目孵化园，吸引全球前沿创新成果落地转化，进一步完善天使创投发展环境，引导天使创投机构聚焦科技型企业开展早期投资、价值投资和长期投资。同时，政策上还应配合新三板继续深化改革，进一步完善分层制度，统筹推进企业挂牌标准、合格投资者准入、市场发行交易制度等差异化制度改革。

（二）完善人才培养机制

在科技创新与金融创新融合发展的初期，需要大量的高素质、复合型科技创新与金融创新融合发展人才，培养起一批具有基层实践经验和深厚理论知识的新一代科技工作者是当前面临的主要问题。一方面，由于地区教育资源与就业市场发展不匹配，这需要高校与企业合作，改革现有合作模式，使得高校应届毕业生能够在实习期间得到高质量的实习经验，在毕业时能够充分担当起企业岗位的责任。另一方面需要针对现有企业员工的培养模式进行改革，不仅要继续坚持干中学的优良传统，还要对员工集中进行培训，提高人力资本，例如外派科研工作组到优秀科技企业学习和观摩，以企业名义对优秀员工进行资助，鼓励他们到国内外大学进行深造，从自身内部解决人才短缺的问题。

对科技创新企业而言，一方面科技从业人员尤其是科研人员的质量在一定程度上能代表企业的创新潜力，实证结果也表明在全国 31 个省市区中科技金融未达到有效状态的省份很大程度上是由单纯依靠技术来提升效率的政策导致的，且企业人力资源结构与科技金融综合效率呈正相关关系，因此企业不仅需要调整现有科研人员结构，还需完善企业人才培养机制，如加大对现有人员的专业培训频率、建立有效的奖励机制等。另一方面，企业资金投入结构、企业人力资源投入分别对成果应用转化阶段标志性产出和科技成果产业化阶段标志性产出有正向促进作用，而企业物力投入能力对科技产出三大阶段均有显著正向作用，因此企业应立足自身实际高效配置人力、物力及财力，如企业在成果应用转化阶段及科技成果产业化阶段应加大资金投入力度及人才引进力度。

第四节　科技与金融融合发展的路径

一、完善科技创新多元化金融支撑体系

多元化金融支撑体系是解决我国科技创新发展中融资瓶颈的关键。从我国科技与金融的融合度中可以看出，资本市场的发展是影响我国科技创新融资的主要因素。在我国多元化金融支撑体系的建设过程中，首先，应充分发挥多层次资本市场的金融支撑作用，构建完整的资本市场体系，建立以风险投资和股权投资等为主体的多层次股权投资结构，加大科技型中小企业板、创业板和场外市场对科技型企业融资的支持力度，同时，还要积极鼓励科技型企业集合债券、中小企业私募债等创新金融工具的使用，充分发挥资本市场对科技型企业的融资功能；其次，应继续发挥政策性金融的支持作用，发挥政府职能，加强对科技型中小企业的扶持，政府可以采取优惠补贴措施，加强对科技型中小企业的扶持力度，如财政补贴、贷款贴息、减税和提供担保贷款等优惠措施，完善相关优惠政策和法律法规，鼓励民间资本参与科技创新融资，同时激励拥有科技专利的个人、企业、科研机构等充分利用金融资源实现科技成果的市场转化；最后，应完善银行为科技型创新企业服务的融资体系，商业银行要充分认识到科技型中小企业的重要性和发展前景，制定对其的贷款政策，解决贷款过程中出现的问题，如建立合适的信用等级评估制度，完善贷款的风险管理机制，提高商业银行对科技型中小企业贷款的积极性。

二、实现科技创新与金融创新高度协同

科技与金融的融合是一个协同过程，各部门要会同试点地区，构建行之有效

的资源汇集体系。①科技部门既要在具有产业化目标的科技计划和专项计划中加大用于科技成果转化、小企业支持和战略性新兴产业培育经费的比例，又要提高科研开发中基础研究经费的比重，为科技与经济的发展提供源泉与后盾。②财税部门要加大对科技金融工作的投入，在政府的不同层级建立财政科技金融专项资金，如科技成果转化基金、小企业股权投资基金、战略性新兴产业基金等。③金融部门要主动服务，探索新的金融服务模式，满足科技金融工作的特殊需要，使金融资源顺畅进入科技创新活动。④国资委等部门要积极利用自己的资源优势和市场优势，为中小企业发展和新兴产业成长创造空间。

三、发展科技创新与金融创新融合风险评估机构

在现代金融中，谁掌握了金融风险评估权，谁就掌握了金融话语权。科技与金融融合发展的核心就在于掌握特色金融领域的话语权。现有的风险评估体系以实物资产为基础，不适用于具有极大潜在生产力的科技产业，而且科技成果、科技企业的评级在专业性方面要求更高，所以要充分利用现有的创新科技金融评估模式，发展新型科技金融风险评估机构，打造专业型科技金融评级体系。在科技金融风险评估机构的发展中，首先，要减少政府和金融监管部门的干预，保持评估机构的独立性和公信度；其次，要规范市场监管，切实保证科技金融风险评估机构具有相应的专业资质和独立性；再次，要对评估的付费模式进行创新，探索由行业协会出资建立、由投资者付费的信用评估机制；最后，在股权安排和营运中都要注意保持评估机构的独立性，切断可能存在的利益关联。只有这样，科技金融风险评估机构才能真正服务于科技金融的发展。

四、推动科技与金融融合发展的资本化

（一）科技与金融融合发展中的资本化作用

1.资本化能够满足科技企业的资金需求

科技创新存在旺盛的资金需求。科技企业有形资产的缺乏、企业主对企业的控制权偏好、管理者的权力和个人利益、风险偏好程度、收益预期等是影响科技企业对金融需求的主要因素。在我国目前的现实中，创业者的融资需求层次以自主资金和内源融资为主，科技企业本能地压制了对外谋求资金支持的需求，导致了科技企业不能运用金融的力量快速成长和发展，也使我国金融机构丢失了不小的融资市场。分析科技企业的需求压抑原因主要在于三方面：一是企业

有形资本实力不足和外源融资条件之间的矛盾；二是管理者自身利益与企业未来高收益无关的矛盾；三是企业所有者对未来高收益预期导致的企业控制权偏好。

2. 资本化推动金融对科技的资金供给

资本化能够完美解决金融对科技资金供给的麦克米伦缺陷。高新技术的高风险和高成本以及高投入导致高新技术企业的麦克米伦缺陷高于传统企业。我们知道，所有以盈利为目标的企业都遵循高风险、高投入、高回报的投资规律。金融机构对高新技术企业的麦克米伦缺陷完全符合自身的利益选择。打破金融机构对科技资金供给的麦克米伦缺陷，关键并不在于金融的让步，而在于对资金拥有旺盛需求的高新技术企业能否科学、合理地运用金融资金或金融服务。资本化即是金融资金通向科技的通道和媒介。

资本化通过资本的流动和增值，激活了经济生产资源，建立了科技资源与金融资源的共同利益通道，激发了合作共发展的机制和动力，排除了两者之间合作的障碍，建立共同的利益激励机制以及科技创新和金融创新的激励机制，形成了自发的良性持续循环。因此，资本化是推动科技与金融融合的根本动力。

3. 资本化能力决定科技与金融融合发展的实效

资本化的资源有其必备的基本属性，资本化的实施依赖于相应的市场制度和机制，我们把资本化得以有效实施的制度机制概括称为"资本化能力"。目前全球经济进入信息革命时代，信息革命时代的资本化依赖与之相匹配的市场制度。资本化能力包括市场配置资源的市场机制、健全的产权制度和完善的契约制度以及全社会的契约意识。

市场配置资源的市场机制是资本流动、配置和实现增值的机制基础；健全的产权制度是对资本稀缺性的排他性保护，更是资本收益权的法律保障；全社会的契约意识以及完善的契约制度更是信息经济时代交易方式决定的，是交易的根本基础。如果缺乏以上任何机制，资源无法实现资本的收益性、稀缺性、产权属性和可交易性的基本属性，资源就无法成为资本，更不可能流动和增值。因此资本化能力是资本依赖的市场环境和法律制度，是经济发展的决定因素，它决定经济的活力、创造力和持续力，是科技与金融融合的基础。资本化能力决定科技与金融融合发展的实效。

4. 资本高度化决定科技与金融融合的高度

产业结构高度化也称产业结构高级化，是产业结构的升级，即产业结构从低级向高级演进，逐步实现产业现代化。经济学家研究发现，产业结构的演进具有一定规律性。配第定理是英国人威廉·配第首先提出的，他认为劳动生产率由低向高转移是推动产业结构演进的动力机制。后来英国经济学家柯林·克拉克提出了"配第—克拉克法则"，他重新发现并首次研究了产业结构的演进规律。他的研究揭示人均国民收入水平的提高是促进劳动力依次从第一产业向第二产业再向第三产业转移的产业结构演进的动力机制。随后美国经济学家库兹涅兹进一步验证了"配第—克拉克法则"，同时他发现产业结构的演进规律受到人均国民收入变动的影响，形成了"库兹涅兹人均收入影响论"。后来美国经济学家钱纳里在库兹涅兹的统计归纳的基础上对产业结构演变展开了进一步研究，提出"标准产业结构模型"。美国经济史学家罗斯托提出的"罗斯托主导产业扩散效应理论"首先指出主导产业及其扩散理论是产业结构演进的主导因素。肖功为教授通过研究世界经济发展史发现资本高度化是产业结构高度化的主要动力，资本高度化与产业结构高度化呈现典型的历史融合。

科技与金融的结合本质上是知识经济的发展问题。科技与金融的结合实质目标是推动产业结构的高度化。资本高度化将推动科技与金融逐步向知识经济的高端融合。资本高度化的程度将决定产业结构的高度，即资本高度化决定科技与金融融合的高度。

（二）强化资本化能力建设

资本化和资本高度化是市场制度建设和变迁过程的资本运动与增值。必须充分发挥制度和机制建设在资本化及资本高度化中的关键作用。一个经济体或国家是否具有有利于资本化和资本高度化的制度和机制，就是这个经济体或国家的资本化能力。同时资本化能力也可以衡量一个经济体或一个国家经济发展的能力和潜力。我国科技与金融融合要出实效必须反思和完善我国的相关制度和机制，切实建立和完善有利于资本化和资本高度化的市场机制和制度。

1. 积极发展多层次资本市场

根据我国资本化和资本高度不足的市场现状，建立专业或综合的土地资本市场、货币及衍生品交易市场、不同层次的人才资本市场和知识资本交易市场等资本和产权交易市场，并列为我国多层次资本市场建设的有机组成部分。

知识经济也是集约经济，可以整合各类资本和信息，整合多层次多元的生产要素与金融要素于统一的市场。该市场既是有形的交易市场，也是同步的虚拟市场。不仅可以实现各要素跨时间和空间的集聚，降低相关要素的交易成本，提高交易效率和实效，而且有利于各生产要素的高效配置和交易。通过将生产要素与金融要素的整合聚集，加快要素的流动、交易和增值。除此之外，还能启发、教育和培育社会的资本意识与金融意识，通过市场的影响和成功案例吸引和激励科技与金融创新，动员全社会推动资本高度化。

（1）尽快规范和完善中小企业板和创业板

规范和完善我国中小企业板建设的首要任务是明确中小企业板的定位并在具体操作实施过程中将各项规章制度落实到位。

中小企业板既不同于主板市场，也不同于创业板市场，主要是为已进入快速成长期、盈利相对稳定的创新型中小企业服务，因此，在发行标准、发审制度、交易制度和监管制度等方面需要进行政策创新。中小企业板的上市标准应介于创业板和主板之间，在关注中小企业财务状况和经营成果的同时，也要注重其科技含量、成长潜力和创新能力等方面。要提高发行审核的市场化程度，简化审核程序，缩短发审时间，提高发审效率。在交易与监管制度方面，抓紧建立适应中小企业板上市公司优胜劣汰的退市机制、股权激励机制和小额融资机制。

在规范和完善创业板方面，应进一步降低企业财务指标和经营状况等硬性上市标准，更注重对企业研发能力、科技含量和成长潜力等软指标的考核。在发行审核方面应尽可能减少行政干预，充分发挥市场机制。为了净化创业板市场的投资环境，必须建立和完善针对亏损和倒闭企业的退市标准及有效的兼并收购管理机制，以此来控制整体风险，保持总量平衡。

（2）完善由代办股份转让系统和产权交易市场构成的场外交易市场

非上市股份公司代办股份转让系统是我国多层次资本市场体系重要的组成部分，是高新技术企业进入资本市场的"蓄水池"和"孵化器"。首先，明确代办股份转让系统在资本市场中的定位，即中小企业的股权融资平台。目前这一系统仍存在功能单一的问题，融资功能很不完善，还没有真正成为广大中小企业股份发行、挂牌、转让的平台。其次，还要制定比中小企业板和创业板市场更为宽松的上市标准和条件，为达不到中小企业板和创业板上市条件的高科技中小企业更好地利用资本市场创造条件。最后，应引入做市商制度，提高市场流动性。产权交易市场是多层次资本市场体系的重要组成部分，为风险投资提供了重要的退出渠道。

（3）大力发展债券市场

债券融资在降低企业融资成本，提高金融资产流动性等方面，具有股权融资不可替代的作用。美国等发达国家的经验表明，企业债券是企业外部融资的主要形式。对于形成一定规模的科技型企业，可以通过各种方式发行公司债券，对于缓解资金需求困难、提高企业信用评级以及促进科技创新发展有着重要作用。

2. 建立和完善市场配置资源的市场机制

市场经济的竞争机制是推动企业实现产品和资本结构的自我调整和升级，是激励企业在竞争中获胜的重要机制；市场价格是企业价值的体现，更是企业竞争优势的直接体现。自由市场经济通过自由公平的市场竞争，通过充分的价值识别，使企业的市场价格真实反映企业的价值，确保了市场资源配置的方向和最优。市场经济的供求机制使市场具备自我调节、自我平衡的能力。市场的竞争机制、价格机制和供求机制，是资本化和资本高度化的保障。如果没有完善的市场机制，社会经济和活动中的资本化、资本高度化就是无源之水，无法公允定价、公允交易更无法实现最大的价值和社会资源的最优配置，打击市场信心和未来预期，无法真正激励创新和创造。市场配置资源的市场机制是资本化、资本高度化、科技创新和金融创新乃至高科技产业发展的摇篮。因此，尽快建立和完善市场配置资源的市场机制是资本化和资本高度化的关键，也是科技和金融结合的基石。

3. 完善与知识经济相匹配的市场制度

健全的市场制度是市场经济高效率运行的保证。没有与经济发展阶段和发展模式相匹配的市场制度，市场经济就只能是自律的经济，最终只会是无序、混乱、无效的经济。因此，建立和完善与现实经济相匹配的市场制度，特别是提前建立与未来知识经济相匹配的市场制度是经济持续健康发展的保障和构建先导优势的战略举措。

（1）建立和完善适度的市场监管体系

自由的市场经济并不等于放任的经济。我国现在对经济的监管问题不是不足的问题，而是是否过度的问题。因此政府应自我审视经济监管体系，将可以由市场竞争机制、市场价格机制和市场供需机制实现市场自我修正和调节的部分交由市场这个"无形的手"去调节，而政府主导的市场监管应该是市场"无形的手"的补充和助手。政府应主要发挥其公信力和公共事业功能，其适度的监管体现在：公开、公正、及时地提供全面完整的经济数据和信息，并以审慎中立的态度警示可能的风险；对政府认为有潜在风险的事件按规范制度平等地约谈；对触犯法律法规的事件依法处置等。我国监管体系的完善重在适度的同时应重在整合。我国监管体系的相互割据局面不利于对经济整体运行情况的掌握，而且也是巨大的成本投入和浪费。同时由于监管的各自为政，沟通成本高，容易出现重复监管或者监管的真空。另外，监管需要加强国际合作，建立国际化的经济监管体系，才能适应全球经济一体化的发展，提高经济运行的监控和监管实效。在社会经济活动频繁、纬度复杂的全球经济环境中对经济进行适度的监管不是一件容易的事，必须依赖现代信息技术。因此，我国经济监管体系的建立是一项动态、渐进中不断完善的事业，是科技与金融融合的典型运用。

（2）建立完善的契约制度

契约是现代经济赖以存在的基础，是现代市场交易载体。没有契约就没有现代经济和现代市场。契约制度的建立和实施依赖健全的法律体系和信用体系，法律体系和信用体系是契约实现的法律保障和道德保障。只有契约依法受到保护，违约受到的信用损失远远超出违约所得，契约才会在法律的保护和高昂的违约成本双重压力下得以保障。在这种制度下市场主体才有交易和创造的动力。因此契约制度涉及广泛的市场交易制度和制度安排，至少包括相关的法制建设、诚信制度和信用制度等。同时，契约制度的建立包括全社会契约意识的提高。只有契约精神融入民众的骨髓，成为社会和经济行为的自觉，契约制度才能在我们的社会生根发芽。

（3）健全的产权制度

现代产权制度应具备产权的清晰化和流动性两项重要特征。维持产权市场正常运行的是法律上的一物一主准则，任何无主财产的存在都会直接导致资产运营低效率，同时产权只有在流动中才能提高运营效率，才能实现资源合理配置。从某种意义上说，没有流动性就没有现代产权制度。根据资本化理论，产权属性是资本化对象必须具备的条件之一。

（三）加快资本高度化建设

世界经济发展史和美国、日本等发达国家的发展经验告诉我们，一个经济发达的国家总是一个善于促进资本成长、造就资本高度化的国家。生产要素价值的增值来源于其资本化及资本高度化。在世界经济市场化和全球化的背景下，资本在世界经济活动中的主导作用愈加明显，生产要素资本化是世界经济发展的必然选择。

为此，在科技与金融的结合中，要把科技资源、企业家才干等每一种生产要素都看成要求增值的价值，把所有能带来增值的资源都尽可能地资本化，以争取资本最大限度增值。

　　同时由于我国仍属于发展中国家,我国的资本化阶段仍处于早期资本化阶段。这阶段资本化主要表现为实体经济的资本形成,即以资本为纽带,将其他生产要素组合创造价值,在利润动机的激励下,促进经济产出的不断增加。但是由于我国同时正处于追赶现代经济的赶超期,不可能按部就班、生搬硬套按照世界经济发展的资本化进程来实现我国生产要素的资本化。对处于追赶期和发展期的我国来说,要运用现代资本化,尽快追赶完成土地资本化、货币资本化、人才资本化的同时要重点推动知识资本化。现代资本化是对未来现金流进行贴现定价、价值挖掘和重估,以资本化和资本高度化缩短我国在科技与金融发展上的差距,推动我国资源要素的流动和增值,实现全要素的资本化的同时实现资本高度化,加快我国知识经济雏形的形成,进而真正加速实现我国产业现代化。另外,要普及和开发全民的金融意识和资本意识,让全社会和所有生产要素活跃起来,主动参与到资本化和资本高度化的社会经济活动中,尽快实现我国财富的聚集和资本的运动与增值,让全民知晓、支持、参与和分享资本化以及资本高度化带来的经济成果、个人和社会福利。

第三章　科技金融发展模式

科技金融发展模式的选择是后续进行实证研究的基础，在实证研究前应从不同的角度对国内外科技金融目前发展状况及其特性进行充分的了解，特别是在当前的时代背景下，各国、各地区都加大了对科技金融发展的支持。本章分为科技金融发展现状、科技金融发展的主要模式两部分。

第一节　科技金融发展现状

一、国外科技金融发展现状

自 1912 年经济学家熊彼特提出"科技金融"一词，以金融支持为视角促进新兴科技产业发展越来越受到重视，各国纷纷结合本国实际情况，探索科技与金融结合模式，实现资源与技术的有效对接。随着 2006 年《国家中长期科学和技术发展规划纲要（2006—2020 年）》及其配套政策出台，我国科技金融的发展进入了快速增长阶段。我国经济发展进入新常态，经济结构调整、产业转型升级需要科技与金融的进一步融合。因此，学习、借鉴他国的成功经验并结合我国各地区自身特点探索科技金融发展之路便成为当务之急。

（一）美国科技金融实践

在美国的企业中，中小企业数量约占总数的 99％，而高新技术公司通常起步于中小企业。据调查，美国约 70％的创新发明是在小企业实现的，因此加大对中小企业的扶持力度，对于促进科技创新有积极作用。

1. 担保支持体系

美国建立了全国、地方、社区三层次的小企业信用担保体系，分别是全国性小企业信用担保体系（小企业管理局操作）、区域性专业信用担保体系（地方政府操作）和社区性信用担保体系。

（1）全国性小企业信用担保体系（SBA）

SBA 是美国独立的联邦政府机构，成立于 1953 年，目前在全美有 2000 多个分支机构，向小企业提供资金支持是美国财政预算的重要组成部分。每年财政预算中，中小企业信用担保基金约 2 亿美元，具体方式为政府通过小企业投资公司（SBIC）向企业提供担保，刺激商业银行发放贷款，提供资金支持，但并不是所有的商业银行都能够发放由小企业投资公司担保的贷款，商业银行首先应取得小企业管理局的许可。商业银行服务中小企业评级的高低会直接影响商业银行分支机构的建立以及收购、兼并等业务的开展，对商业银行发展有着至关重要的影响。目前，包括摩根大通、美国银行、花旗银行等在内的大约 7000 家商业银行与小企业管理局建立了合作贷款担保关系，加强自身服务中小企业的力度，提高服务中小企业的能力。

SBA 服务对象为有一定经营历史和盈利能力的小企业。除提供少数的直接贷款（约占 1%）外，SBA 主要以提供担保的方式助力小企业融资。当符合条件的小企业向商业银行贷款时，SBA 以 50%～90% 的担保率为其提供担保，促进其资金融通。如果企业不能按时偿还本息，则由 SBA 代其偿还。例如，SBA 对中小企业急需的少数"快速"贷款开通"快速车道"贷款担保，提供 50% 额度比重的担保。对于出口生产企业、国际贸易企业以及中小企业的减少污染计划提供的贷款担保比例高达总投资的 90%。目前，SBA 与贷款人建立了风险共担机制，通过对企业实行风险约束、规范制度管理、规范担保业务操作流程等方式分散和规避风险。除提供资金援助外，SBA 还面向中小企业提供技术援助、紧急救助等服务。

（2）区域性专业信用担保体系

区域性专业信用担保体系由地方政府操作，如加州出口信用担保体系，目的在于帮助加州的小企业扩大出口。加州出口信用担保体系由政府出资，采取与协作银行合作的形式，分担银行面向小企业发放贷款的风险。

（3）社区性信用担保体系

由于全国性的信用担保体系及协作银行遍布美国各地，社区性信用担保体系更多的是面向社区贫困人口，通过支持创业助其脱贫。

2.政府支持体系

（1）政府直接投资

在美国，政府对高新技术企业的直接投资包括两方面。一是政府的财政研发经费支出，美国的 R&D（研发）支出长期占到世界总量的 1/3，最新数据显示，2020 年美国联邦研发方面的投资超过 1300 亿美元。二是国家对高新技术产业提供的贷款和股权投资。一般来说，对于创立初期的高新技术企业，政府通常采用低息贷款的方式，其后随着企业发展多以股权投资为主。

（2）政府立法支持

美国政府颁布了一系列法律，以完善高新技术企业融资渠道。1953年美国《小企业法》（Small Business Act）正式出台，奠定了美国小企业政策的基础，20世纪50年代通过的《小企业法案》（1958年）和《国内税法》，降低了中小企业投资者的税收负担，其后的《小企业投资促进法》（1980年），将合伙企业的性质确认为"商业发展公司"。1981年通过《经济复兴税法》，将中小企业个人所得税率下调了25%。1890年通过的《谢尔曼法》（Sherman Antitrust Act of 1890）为中小企业对抗大型托拉斯组织的垄断提供了法律基础和保障。2013年12月，美国众议院通过《创新法案》（Innovation Act），对专利诉讼程序进行改革，旨在遏制日益蔓延的"专利蟑螂"，维护专利系统的正常运行。

此外，美国还颁布了《小企业融资法案》（1953年）、《小企业经济政策法》（1980年）、《小企业技术创新法案》（1982年）、《小企业技术创新计划》（1982年）、《加强小企业研究与发展法》（1992年）等一系列法案，力求为高新技术企业在资金融通、技术创新、加强与研究机构合作等方面给予支持。例如，《小企业技术创新法案》规定，当政府研发经费超过1亿美元时，超过部分应按法定比例用于支持中小企业科技研发。

3. 资本市场支持体系

（1）设立风险投资公司

美国的风险投资体系是世界上成立最早也是最发达的。据调查，2019年，全美风险投资案例数量为12211件，投资额高达1358.4亿美元。近十几年来，投资额年均复合增长率为12.49%。

美国风险投资公司既包括官方的，也有民间的。1957年，美国国会通过《中小企业投资法》，20世纪80年代后，美国政府出台《小企业投资促进法》，其有限合伙的形式、资金来源的广泛、退出途径的多元化促进了民间资本积极进入风投领域，使得民间风险投资公司迅速发展起来。而民间的风险投资公司则更倾向于给予高新技术领域的中小企业以资金支持。

从资金投向行业的分布来看，风险投资公司最青睐的两个领域分别是计算机软件、医药与生物科技，据统计，2019年两者汇集的资金分别高达224亿美元和120亿美元，合计占2019年度总投资额的49.64%。从变化趋势来看，风险投资公司近些年来对这两个领域的创投企业关注度保持稳定上升的态势。

（2）构建多层次的资本市场体系

由美国证券商协会创立的纳斯达克市场（NASDAQ）中，上市公司多为科技型企业，并成功孵化了IBM、微软等科技企业巨头，成为创业板市场中的典范。纳斯达克市场内部分为不同级别的三个层次，兼具主板市场与二板市场（NASDAQ-SC），还有场外柜台交易系统（OTCBB）和粉单市场这样的三板市场。从规模上看，位于底层场外交易市场中的公司数量最多，上市门槛最低，而市场层次越高，上市门槛越高，市场规模越小，构成一个金字塔结构。各个层次市场之间存在互动关系，上市公司一旦满足上一层级市场的准入条件，即可选择摘牌进入上一层级市场交易；同样，如果上市公司不再满足上市条件，就会被调入下一级市场。下面以NASDAQ-SC和OTCBB之间的升降为例进行说明。

从OTCBB升级到NASDAQ-SC，只需要满足以下条件：资产净值在500万美元以上；总市值在5000万美元以上；前一会计年度净利润在75万美元以上；股价不低于4美元；股东人数超过300人；有3个以上的做市商。如果净资产达到1000万美元以上，可以直接升入主板市场。

纳斯达克市场规定：公司股票连续30日交易价格低于1美元，警告后，3个月内该公司股价仍未能升至1美元以上，则将其摘牌，退至OTCBB市场报价交易；在OTCBB摘牌的公司将退至粉单市场进行报价交易。

多层次的市场结构，加上严格的升降板规定，使股票市场在组织结构和功能上形成相互递进的特征。上市公司在不同层次的市场之间的灵活转换，充分发挥了证券市场的优胜劣汰机制，可以按照不同规模，不同行业以及不同发展阶段企业的融资需求，为高质量的中小科技企业提供便利的融资平台。

4.金融机构支持体系

（1）商业银行贷款

近年来随着大型企业直接融资渠道的不断拓宽，美国许多城市的商业银行都纷纷设立专门的机构，为中小企业提供短期贷款。例如，在美国银行业名列前茅的富国银行（Wells Fargo）就根据其零售银行的定位，依托其在全美众多的营业网点开办社区银行，利用强大的信息系统和全面的信用评分体系，为小企业提供信贷服务。

美国其他特大型银行包括摩根大通、美国银行、花旗银行都在提高小企业贷款的比重，如美国银行将个人与小企业业务作为其四大核心业务之一，而且这一部分是该行盈利的最大部分。

（2）建立为中小企业服务的民间金融机构

美国有信用社、储蓄贷款以及金融公司等多种形式的民间金融机构，这些机构的存在大大缓解了美国中小高新技术企业的贷款难问题。例如，早在1934年，美国国会便通过了《联邦信用社法》，信用社得以蓬勃发展，允许以个人或企业入股方式成立的信用社向其成员提供一定数量的贷款。

（3）成立专注于科技企业的银行

1983年，硅谷银行成立。作为全球最成功的科技银行，硅谷银行在支持科技创新方面走出了一条成功之路。硅谷银行把自己的目标市场定在那些新创的、发展速度较快、被其他银行认为风险太大而不愿提供融资服务的中小企业身上，成立之初主要为硅谷的创新型高科技企业及风险资本提供金融服务。硅谷银行已为风险资本以及创业企业提供了26亿美元的贷款。目前，硅谷银行已与全球数百家风险投资基金及私募股权投资基金建立了紧密的联系，并为之提供银行融资服务，借助风险投资基金严密的管理进行客户甄别，发现具有增长潜力的项目，评估所面临的风险和回报。在业务模式上，硅谷银行吸收主要来源于科技企业和风险投资公司的存款，并突破了债权投资和股权投资的限制，与科技创业企业达成协议，获得其部分股权或认购股权。

（二）日本科技金融实践

1.担保支持体系

日本信用担保体系最初创立于1937年成立的东京信用保证协会，经过长期发展，如今已建成一套比较科学完整的支撑体系。日本中小企业信用担保资金主要来源于中央政府财政拨款。尽管中央政府财政拨款构成信用担保资金的主要来源，但政府并不直接参与担保机构的运作，而主要由协会和基金等专业机构进行具体操作，政府部门仅履行监督职责。日本的中小企业信用担保计划与政府产业政策密切配合，根据各个时期的政府产业政策为项目提供相应担保。

为了缓解中小企业因为担保原因导致的融资难，日本政府还制定了《中小企业信用保险法》，在中央和各个都道府县都创建了信用保险协会。中小企业只要缴纳少量的保费，就可以从保险协会获得一定额度的担保。值得注意的是，当出现自然灾害、金融危机等突发情况，中小企业遭受沉重打击的时候，除了常规的担保额度之外，信用保证协会还会予以追加担保，帮助企业渡过难关。

以本次肆虐全球的新冠肺炎危机为例，信用保证协会在2020年2月28日出台了第一次追加担保计划。该计划规定，凡是1个月以内销售额同比下降20%

以上，并且包括此后 2 个月在内的 3 个月的销售额预计将减少 20% 以上的企业，都能在常规担保额度之外，获得最多 2 亿 8 千万日元的追加担保额度。此计划出台后，鉴于当年疫情形势的恶化，信用保证协会在当年 3 月份又连续 3 次出台了覆盖面更为广泛的追加担保计划。

2. 政府支持体系

（1）成立政策性金融机构

日本政策性金融机构体系庞大。最初为中小企业提供融资支持的政策性金融机构主要包括国民金融公库、中小企业金融公库和商工组合中央金库等，由于原有政策性金融机构体系约占日本金融体系整体的 1/3，机构过于臃肿，且出现大量不良资产，政府利息补贴额度巨大，基于提高资金使用效率、降低财政负担的考虑，日本政府制定了政策性金融机构的改革方案和改革目标，对政策性金融机构进行了一系列的合并调整，最终形成政策性的日本政策金融公库和私有化的商工组合中央金库，本文只介绍日本政策金融公库。

政策金融公库主要以小微企业经营改善贷款和中小企业定向贷款形式为中小微企业提供资金支持。小微企业经营改善贷款是指小微企业申请，企业协会推荐，日本政策金融公库向小微企业发放低利率、无抵押、无担保贷款。中小企业定向贷款，是指政府对特定行业进行调研分析，行业协会提供技术、市场、行业信息，政府确定研发方向和采购设备，并发放长期低息贷款、给予财政补助和税收优惠、提供专家咨询，以提高中小企业生产效率。近期，日本政策金融公库专门设立"IT 活用促进资金"，一是对中小企业为改善内部运营、创新经营方式等引进信息技术投资提供贷款，二是对"支援者"为开发适用中小企业转型的 IT（互联网技术）工具投资提供融资。

（2）制定较为系统的政策法规

日本政府在 1963 年制定了《中小企业基本法》，划分了大企业与中小企业的界限，界定对于中小企业相关政策的基本思路。同年制定了《中小企业现代化促进法》，旨在改善中小企业融资环境、调整结构转变。1967 年制定《中小企业技术基础强化税制度》，1985 年制定《中小企业技术开发促进临时措施法》。2000 年以来，日本政府为适应新时代下的中小企业发展，在整理了之前相关法律之后出台了《中小企业创造活动促进法》《新事业创出促进法》，2009 年 12 月日本正式实施《中小企业金融圆精化法》，针对遭受金融危机冲击的中小企业进行支援。2013 年日本国会通过了旨在促进企业健康发展的《小规模企业活性化法案》，这个法案是以此前颁布的《中小企业基本法》《信用保险法》等8部法律为基础制定的，目的是让小规模企业以地方资源为依托，充分利用信息技术，在解决自身事业继承问题的困扰后，与外部经济接轨，提高参与国际竞争的能力。

3. 金融机构支持体系

据统计，日本的城市商业银行等大型银行占日本所有商业银行的60%以上，所面对的客户主要是效率较高并且具有一定的规模效应的大型企业，因此规模越小、融资额越低的企业想要从大型银行获得贷款越艰难。应对如此环境，日本逐渐形成了今天较为发达的民间金融市场，如地方银行、第二地方银行、信用金库、信用组合等为中小企业提供重要的资金支持。

（1）地方银行和第二地方银行

地方银行是以各都道府县为中心展开营业的普通银行，是地域经济的核心、中小企业融资业务的支柱，以支援中小企业的形式，支撑着地域经济。第二地方银行规模相对较小，主要的客户是当地居民和当地的中小企业，对当地中小企业的融资和风险企业的培养支援有着积极作用。根据2020年初的统计，日本地方银行共计102家，相对于日本国土，银行数量及分布密度较高。地方银行和第二地方银行都担负着刺激地域经济发展的重任，也是中小企业进行间接融资的主要来源。

（2）信用金库和信用组合

日本的信用金库是以1951年6月成立的《信用金库法》为准则的地区性合作金融组织，是不以追求利润为第一目标，优先考虑地区社会利益的非营利性金融机构。因此，信用金库的宗旨是为地区经济发展服务，信用金库的贷款只限定于会员，会员的资格要求是在地区内的个人和法人（员工300人以下或资本9亿日元以下），不对大型企业开放。日本信用组合的规模远小于信用金库，与信用金库一样都是由信用协同组织改制而成的金融机构。信用组合以组合会员相互扶持、谋求组合会员经济地位提高为目的而设立，只向组合会员提供贷款，会员资格是该地区内的个人和法人（员工300人以下或资本3亿日元以下）。信用金库和信用组合的共通点是主要的贷款手法一样，采用关系型贷款的方式较多，对零散的微小企业和个人企业的融资较少，但对初具规模的中小企业来说是很重要的资金来源。

（3）商工组合中央金库

商工组合中央金库简称商工中金，是1936年日本政府和民间共同出资设立的，原本是为中小企业提供融资的半官半民性质的政策性金融机构，然而其从 2008 年 10 月开始实行股份公司化改制，目前已完全民营化。从设立到现在的 80 多年时间里，一直向支撑日本经济基础的中小企业提供融资，可以说是面向企业法人融资的专业机构。商工中金有着贷款利率低、期限长、出现亏损时可以向日本政府申请补贴等优点。

（4）中小企业投资育成股份公司

中小企业投资育成股份公司最初是 1963 年由国家出资，在东京、大阪、名古屋设立的半官半民性质的特殊法人，但现在是被民间法人化了的进行投资活动的股份公司，属于民间金融机构。本着促进中小企业自我资本的充实、促进其健全的成长发展为目的，为那些在资本市场上筹措资金困难的中小企业进行投资。其投资育成对象为资本在 3 亿日元以下的公司，通过持有其股份来对其提供资金等的支持。

4. 资本市场支持体系

日本的资本市场相对银行体系发展较为缓慢，直至 20 世纪 80 年代，日本开始放松金融管制，金融自由化、国际化程度不断提升，日本的资本市场才得以迅速发展，直接融资比例开始出现上升趋势。如今，日本资本市场的发达水平已跻身全球前列。股票市场、外汇市场、衍生品市场等共同构成了日本多层次资本市场体系，如表 3-1 所示。

表 3-1　日本多层次资本市场体系

项目	第一层次	第二层次	第三层次	第四层次
构成	东京、大阪、名古屋、京都、广岛、福冈、新潟、札幌八家交易所主板市场	东京证券交易所、大阪证券交易所二部市场	玛扎兹市场	柜台交易市场、佳斯达克证券交易所
融资对象	成熟的大型科技企业	科技型中小企业	具有高速增长潜力的企业	有一定资产规模及利润的企业和具有成长潜力的企业

1998 年，日本在柜台交易市场基础上，模仿纳斯达克市场建立了佳斯达克市场，主要面向科技型中小企业以及风险投资企业。2004 年，佳斯达克市场升级为证券交易所。1999 年，名古屋证券交易所设立增长公司市场板块，东京证券交易所设置高增长新兴股票市场板块，这些板块的设立在为科技型中小企业提供直接融资服务的同时，也为风险投资提供了有效的退出渠道。

（二）韩国科技金融实践

1. 担保支持体系

韩国中小企业信用担保体系主要由全国性信用担保体系和地方性信用担保体系构成。全国性信用担保体系代表性的有韩国信用担保基金、韩国科技信用担保基金、韩国信用担保基金联合会。除此之外，韩国还有大小 16 家由地方政府和金融机构出资设立的地方性信用担保基金，主要对当地规模小的企业提供融资，弥补韩国信用担保基金不能涉及的空缺。

（1）韩国信用担保基金

1976 年根据《信用保证基金法》成立的韩国信用担保基金组织（KCGF），自成立起一直是韩国最大的信用保险机构，同时还是韩国最大的资信提供者，是全国性的信用保证机构。该组织由政府和金融机构共同出资，资金占比分别为60％和40％，业务重点有两个：一是为缺少有形担保物的企业提供担保从而促成对企业的融资；二是通过有效的资信管理建立完善的信用体系，最终为发展国民经济做贡献。

（2）韩国科技信用担保基金

1988 年 12 月韩国修改《信用保证基金法》后，韩国科技信用担保基金从韩国信用担保基金中分离出来，为采用新技术的企业提供特别的金融服务，同时满足信用担保业不断增长的竞争要求。它主要提供的服务包括：全国网络化的技术鉴定；提供顾问服务，帮助企业克服管理和技术上的障碍；为企业提供技术转移的扶持服务。

2. 政府支持体系

（1）成立非营利的金融机构——中小企业振兴公团

1996 年韩国政府为了促进本国中小企业发展成立了韩国中小企业厅，是韩国中央行政机关。韩国中小企业振兴公团是隶属于韩国中小企业厅的非营利性社团组织，是针对韩国中小企业的综合援助机构，是由政府全额拨款设立的，其主要职责是提升韩国中小企业的国际竞争力，提供政策资金支持、企业诊断、技术支持、营销、国际合作、人才培养等各类支援，目前该机构已在我国青岛、四川、沈阳等多地设立分支机构，促进中韩两国中小企业的国际贸易发展。

（2）提供优惠利率的政策性贷款

韩国根据国家或地区产业政策的需要向重点行业的中小企业提供优惠利率的政策性贷款，并将商业银行对中小企业的贷款额作为其再贷款优惠利率的考核指标之一，对不同类型的商业银行制定了相应的中小企业贷款最低比例，其中全国性商业银行为45％，地方性商业银行为60％，外国银行分行为35％，以促进商业银行贷款，培养有潜力的中小企业。政策性贷款作为政府以低息向企业提供资金支持的一种重要手段，是经由银行等金融机构实施的。据统计，韩国财政经济部、产业资源部等12个政府部门曾设立了91种政策性基金，如用于支持中小企业出口和科技创新的小企业创业基金，用于中小企业结构调整、技术开发的中小企业结构调整基金等，其额度每年约4.9万亿韩元（约合310亿元人民币）。

（3）制定相关的政策法规

韩国于20世纪中叶颁布《技术开发促进法》，开启了政府支持科技创新的步伐，为突破融资渠道不畅的瓶颈，韩国自20世纪80年代以来出台了《中小企业创业支援法》，提出了"科技立国"的技术发展战略，出台《尖端产业发展五年计划》，其支持是以政府支持为主。

3. 金融机构支持体系

韩国政府出资设立的中小企业银行的主要目的就是扶持中小企业发展，为中小企业提供融资。该银行承担的重要职能是发放根据各种安排或计划为中小企业提供的专项贷款，鼓励中小高科技企业投资生产设备，开展研发活动。

韩国中小企业银行是目前世界首家以支持中小企业为目的，由政府出资设立的国有政策性银行，针对韩国中小企业的贷款规模占全部贷款的70％以上。目前，其在中国有天津、青岛、烟台、沈阳、苏州、深圳、武汉等13家营业网点。

4. 资本市场支持体系

韩国科斯达克（KOSDAQ）市场设立于1996年7月，已成为世界上发展较为迅速、交易较为活跃的创业板市场。科斯达克将企业划分为四种类型，即风险企业、非风险企业、共同基金和国外企业，分别适用不同的上市标准。其中，风险企业的上市标准比非风险企业低。市场分类监管和重点监管等手段为科技企业搭建了直接融资平台并促进了市场的健康发展。

（四）德国科技金融实践

在德国，企业是最活跃的创新主体，其科研投入占全国总量的70％。截至2013年年末，德国大约有3.6万家研发型企业和超过12万家创新型企业。德国中小企业创新的高度活跃，与德国联邦政府重视科技创新、综合运用财政杠杆和金融杠杆以及法律、社会化信息和培训等中介服务支持中小企业进行科技创新是分不开的。

1. 担保支持体系

德国的信用担保体系主要由手工业和行业工会、储蓄银行等组成。德国联邦政府每年拨付 5000 万欧元给予担保支持，鼓励私人银行为中小企业提供信用担保，充分发挥私人银行的中介功能。德国中小企业银行主要包括储蓄银行、合作银行等，还款期最长可达 10 年。担保机构为中小企业提供贷款总额 60% 的担保，从而保证了中小企业能够获得其所需贷款数额，对企业研发产生了积极作用。

2. 政府支持体系

（1）政府投入加大

近年来，德国联邦政府投入研发领域的资金稳步增长。在第二十一届中国国际高新技术成果交易会上，德国生物物理学家厄温·内尔（Erwin Neher）表示，德国对研发的投入已经达到了 1000 亿欧元，这是每年的拨备，里面包括政府的资金支持，还有业界共同投入的。此外，根据德国联邦政府 2020 年发布的一份报告显示，德国科研投入占国内生产总值（GDP）的比例已升至 3.13%。

与此同时，德国联邦政府以财政资金为杠杆，带动风险投资等社会资本进入科技领域。政府在资金投入上力求形成杠杆效应，设定的杠杆效应目标为 1：5，即 1 欧元政府资金投入带动 5 欧元产业界资金投入。

（2）众多的政策性专项扶助项目

为增强中小企业科研创新的融资能力，促进企业与院校之间的创新合作，德国联邦政府先后实行了众多的创新计划。

2005 年在《高技术战略》框架下德国联邦政府启动了高科技创业基金（HTGF），该基金由联邦经济技术部主导，德国复兴信贷银行与知名企业集团辅助共同成立。基金以信息通信技术、生命科学、自动化与电子技术等七大领域为重点，为处于研发初期、存在高风险的科技企业提供资金。2006 年，德国联邦政府通过了"60 亿欧元科研发展计划"项目，对信息技术、生物技术、航天技术等领域给予专项资金支持，同时为中小企业的技术创新提供资金保障。2007 年，德国联邦教研部实施中小企业创新项目计划，推动中小企业积极参与新型公共安全技术、服务等方面的研发活动。2008 年联邦经济技术部成立了中小企业创新核心项目，支持中小企业与科研机构的合作。2009 年启动了东部创新能力计划，以市场为导向，促进基础研究的成果应用。2018 年，拨款 30 亿欧元用于人工智能技术的研发工作。此外，还有诸如联邦经济技术研究基础设施项目、天使投资新投资补贴目标等一系列由政府主导完成的政策性辅助基金项目。

除了联邦政府制定的这些中小企业创新项目外，德国地方政府也制订了一些符合本地实际的资助中小企业项目计划。如巴伐利亚州制订了针对本州新材料、航空航天、机械等领域的中小企业扶持计划，还有支持教育与创新，涉及能源、信息安全等技术领域的"巴州突破计划"，等等。

（3）制定相关的政策法规

德国联邦政府通过颁布法律法规为企业技术创新营造外部环境。德国在各州有各具特色的《中小企业促进法》，目的是使各州的科技型中小企业根据当地特点、特殊情况，做到因地制宜，提高企业技术创新能力。2006 年，德国联邦政府制定了《高技术发展战略》，目标是确保德国科研水平和经济竞争力在世界的领先地位，实现生物、能源、医药等领域科技成果的快速转化。德国联邦政府早在 1977 年就制定了《联邦政府关于中小企业研究与技术政策总方案》，1978 年颁布《中小企业研究和发展工作设想》，1997 年颁布《联邦政府中小企业研究与技术政策方案》，为中小企业高新技术研究和新产品开发提供政策支持，提高中小企业科研、技术开发和技术革新的能力。

3. 金融机构支持体系

在德国有着完备的为中小企业融资服务的金融机构体系。例如，以复兴信贷银行为代表的政策性银行体系，以储蓄银行为代表的公立银行体系，以合作银行为代表的合作制体系，这些银行差异化定位，为中小企业提供全方位的服务。

（1）德国复兴信贷银行

德国复兴信贷银行于 1948 年依据《德国复兴信贷银行法》设立，目前由 1 家母公司和 6 家子公司组成。作为政策性银行，德国复兴信贷银行享受政府贴息政策，为中小企业，特别是面向中小科技企业发放中长期贷款。德国复兴信贷银行下设的中小企业银行已成为德国复兴信贷银行最大的业务领域，约占全部业务总量的 1/3（国内业务总量的 1/2），其融资产品主要有低息贷款、次级贷款融资、股权融资等。

（2）储蓄银行

德国储蓄银行有 200 多年的历史。储蓄银行分布比较广泛，德国每个地区（一个城市、一个区县或一个乡镇）都有一家储蓄银行，管理着一个分支机构网络，目前为集团化经营。当地居民和政府成立储蓄银行的初衷是为低收入人群提供安全的储蓄机构。

储蓄银行只能在其所属的市区或行政区域里开设分支机构并开展业务，因此具有区域性特点。储蓄银行对客户的前景和信誉非常了解，与很多客户维持长期业务关系。这是总部远离当地的其他银行所不具备的优势。储蓄银行的贷款业务涉及中小企业、个体户等广泛客户，银行使用包括内部标准化评级等多种方法评估贷款所需条件及其风险，评级工作已经程序化，有些甚至可以当场给出评级，这些做法在很大程度上降低了储蓄银行的信贷风险。储蓄银行并没有像大多数银行那样参加存款保险制度，而是在1973年实行"共同责任计划"，实现储蓄银行之间的互相担保，建立互保与危机应对机制。

（3）合作银行

合作银行由1家中央合作银行、3家区域性合作银行、2500家地方合作银行及18700个分支机构组成，采取会员制形式，其核心在于促进其会员的经济活动。与公立银行相比，其服务对象的规模要更小一些，主要是小微企业，因此放贷多为额度较小的短期贷款。

（五）英国科技金融实践

第一，信用担保体系。英国于1979年提出小企业信用担保计划，旨在为那些具有市场潜力但缺乏必要抵押物的小企业提供信用担保，担保比例通常为70%，最高达85%。1981年开始实施的小企业信用担保计划则规定可为100万英镑以内的中小企业贷款项目提供80%信用担保。1995年英国政府加大贷款担保计划实施力度，于2000年成立小企业服务局，专门负责促进中小企业融资能力发展。

第二，银行信贷。英国银行在银企协议约束下，中小企业可以在一定数量和期限内通过透支在企业现金账户上进行超额支取，也可以从商业银行取得普通贷款，并在政府提供贷款保证金等计划保障下获得更大额度贷款。

第三，风险投资基金。与其他国家不同，风险投资基金在英国并不是科技金融支持中小企业的主流模式，其风险投资基金主要为管理层收购提供融资服务，对萌芽期中小企业投入规模仅在5%左右。

（六）法国科技金融实践

第一，中小企业融资专门机构。法国于1996年成立中小企业发展银行，旨在为中小企业提供更多贷款优惠及融资便利。中小企业发展银行由政府直接投资，民营投资银行入股，筹集资金向中小企业发放。政府还成立专门的信用担保机构为中小企业银行贷款提供信用担保。

第二，政府财政扶持。法国政府在工业部下设立中小企业发展局，专门制订支持中小企业发展计划。政府通过设立中小企业新技术推广资助资金，对中小企业技术研发运用提供鼓励。同时，设立国家科研推广局，为中小企业提供研发信贷和财政津贴，其中财政津贴可达研发投资的 70%。

第三，风险投资基金。法国风险投资基金建立于 20 世纪 70 年代，最初由一批技术创新投资公司和地区股份协会构成，1979 年成立风险投资共同基金。发展到 20 世纪 80 年代末，法国已有 120 多家机构在从事风险投资。另外，法国成立了互助基金性质的中小企业信贷担保集团，如大众信贷、互助信贷等，也在一定程度上扮演了风险投资基金角色。

二、我国科技金融发展现状

（一）我国科技金融的发展概况

1. 科技金融发展环境

我国科技金融处于宽松有力的政策支持环境中，2016 年科技金融被纳入国家规划体系；4 月，科技部、中国人民银行、银监会联合发布《关于支持银行业金融机构加大创新力度开展科创企业投贷联动试点的指导意见》，同年 12 月中国银行推出三位一体的科创企业服务模式——即"信贷工厂 + 投贷联动 + 跨境撮合"，2018 年中国工商银行联合绵阳市财政局、科技平台推出"设备仪器贷"。

各省份也结合自身优质产业相继设立相关基金，引导企业将研究成果转化为产品。2017 年 3 月浙江省设立 20 亿元省级科技成果转化引导资金，主要用于信息经济投资、高端装备、4G/5G 的移动互联等新兴产业领域；宁夏 3 年内共有 28 家科技型企业在新三板挂牌，皆得力于当地科技金融专项补贴、风险补偿等政策性扶持，此外其 5 年内共计为 608 家科技企业提供 59 亿金融资金；广东省牵头 8 家合作银行，累计为企业授信贷款 155.32 亿，辐射广州地区 1262 家企业，同时通过设立 50 亿广州市科技成果产业化基金，吸引了大量创业投资机构、私募股权机构等落户广州；2018 年"中国（西部）高新技术产业与金融资本对接推进会"在成都召开，该会议共促成 40 家投资机构、银行与企业进行现场签约。

此外，证券市场作为企业最主要的融资途径之一，目前相关的上市条件放宽，逐渐向科技企业倾斜，帮助具有成长性的科技企业上市融资。2019 年 6 月 13 日科创板正式开板，7 月 22 日首批公司上市，2020 年 4 月 27 日《创业板改革并试点注册制总体实施方案》正式审议通过。科创板的设立以及创业板注册制的实施进一步降低了企业上市融资的门槛，有利于一些科技型的公司通过上市融资的方式获得大量资金，得到发展，未来科技型的初创企业获得融资的渠道将更加广泛，标志着我国科技金融发展向前又迈进了一步。

在应对突发性事件时，科技金融同样发挥了重要作用。2020年新型冠状病毒肺炎在全球肆虐，在党中央、国务院坚强领导下，中国人民银行、财政部在相关科技企业抗击新冠肺炎疫情研发疫苗方面推出一系列政策措施：北京外汇局仅用10分钟通过政务服务平台为新型冠状病毒疫苗研发的科技企业成功办理了外债登记业务；上海出台《上海市全力防控疫情支持服务企业平稳健康发展的若干政策措施》对生产或研发新型冠状病毒诊断试剂、疫苗、治疗性药物等相关企业开展产业化的项目按照"先立项、后补助"的方式给予资助；中国人民银行设立3000亿元抗疫专项再贷款，同时为保证小微企业、高科技企业等复工复产，金融机构广泛参与，日均发放优惠贷款100亿元以上，且发放速度比较快。

在新型冠状病毒肺炎疫情期间，政府、金融机构大力支持相关科技企业的研发生产，出台了相关补贴政策，放宽了贷款限制，加快了相关企业研发进度，以有效应对新冠肺炎疫情的扩散。

无论是政府部门对科技金融发展的相关政策制定，还是金融市场对于科技金融发展的支持力度，都让科技金融在国内快速发展，让一些初创型科技企业在国内生根发芽，茁壮成长为领域内的独角兽。

2. 科技金融投入现状

政府、金融机构、风险投资机构、资本市场、企业研发是科技金融投入的五大主体力量。由于数据原因，本书将从财政科技支出、研发支出、资本市场投入三个方面研究全国以及各地区科技金融投入总量及各地区投入差异。

（1）财政科技支出

财政科技支出属于公共科技投入，是政府扶持科技产业的主要方式与途径。具体来讲，财政科技支出指的是政府有关部门为加快科学发展与技术进步对相关科研活动提供的经费支持，一般指国家财政预算内的科研支出。

2010—2018年我国的科技支出金额逐年增加，从2010年的3250.18亿元增加至2018年的8326.65亿元，年均增速为19.52%，说明习近平总书记提出创新驱动发展战略之后，我国政府不断增加科技金融投入；我国财政科技支出占比在2015年达到3.33%的最低值，而自2015年以来占比逐年提高，说明前期政府财政投资不足，还需进一步加大投资力度。而东部、中部、西部地区财政科技支出均呈逐年递增态势，但增速参差不齐。各区域呈阶梯式发展，其中，东部地区财政科技支出居于最高位。从区域财政科技支出与财政支出比值看，东部、中部、西部均呈现上下波动的态势，东部地区财政科技支出占比高于中部、西部，说明区域政府财政投入存在不均衡的现象。

2019年我国财政科技支出总额为10717.4亿元，与2018年相比增加了1199.2亿元，同比增长12.6%。其中，中央财政科技支出共计4173.2亿元，同比增长11.6%，在财政科技支出总额中占比38.9%；地方财政科技支出共6544.2亿元，同比增长13.2%，在财政科技支出总额中占比61.1%。可见，我国财政对科学创新与技术进步的支持力度不断加大，为我国科技研发活动的开展与创新能力的提升提供了有力的保障。

（2）研发支出

研发支出指企业、研究机构以及高校在产品研究过程中产生的所有相关费用，一般包括产品技术、工艺、材料等方面的研究费用。本部分数据来自2014—2018年的《中国科技统计年鉴》，主要描述被我国科技部认定为高新科技企业、研究机构以及高校每年针对科技产品的研发费用。

2014年全国研发支出4925.7亿元，2018年支出7716.84亿元，年均增速达到11.91%，增速较快，特别是2017年环比增长15.26%；东部地区研发支出与财政科技支出类似，2018年全国研发支出7716.84亿元，东部地区研发支出5252.35亿元，占全国研发支出的比例达到68.1%，年均占比68.85%；与财政科技支出占比相反的是，中部地区、西部地区研发支出年平均占比分别是11.25%和15.18%，这可能与该地区企业、研究机构以及高校数量密切相关，同时也可能与该地区产业结构相关，西部地区产业结构高级程度高于中部地区。此外，东北地区研发支出仍处于最后一名，年均占比仅为4.72%。

2018年全国共有22021家研发机构，研发共计支出7716.84亿元，平均支出0.35亿元，西部地区研发机构2585家占比11.7%，共支出1188亿元，支出占比15.4%，研发机构平均支出0.46亿元，研发支出高于全国平均水平处于全国各地区第一名；辽宁省是东北地区研发机构以及研发支出最多的省份，其研发平均支出达到0.64亿元，远高于东北地区平均水平；同时研究发现，湖南省、湖北省无论是研发机构数量以及平均研发支出均高于中部地区其他省份，这可能是由于两省位于"长江经济带"有关；贵州省研发机构数量与平均研发支出均低于四川省，同时其研发支出未达到西部地区平均水平，这与其财政科技支出相反，说明贵州省研发机构资金可能对政府财政科技支出依赖度较高；此外，从整体数量分析发现，研发机构更多处位于东部地区，这可能与东部地区的经济发展水平密切相关。

（3）资本市场投入

关于科技金融资本市场投入的分析可以借鉴王海芸对科技金融发展水平指数测度从新三板定向增发融资额、中小板及创业板募资额度、创业投资机构数量三个方面对资本市场投入进行研究。

新三板定向增发融资额，是指新三板上市公司向符合条件的少数特定投资者非公开发行股份进行融资的行为。自 2014 年，新三板市场扩容，科技型公司在新三板上市成为新趋势。全国新三板定向增发融资额度在 2014 年、2015 年较为稳定，保持在 100 亿元左右，随着新三板扩容，2016 年、2017 年新三板定向增发融资额大幅度增加达到 700 亿元以上；同时创业投资机构数量以年均 13% 的速度快速增加，2018 年达到 2800 家。从两者增长情况看，新三板定向增发融资额与创业投资机构增长类似，但是创业投资机构数量增长具有一定的迟滞性，说明两者存在一定的关联性。

目前，科技型公司主要通过中小板或创业板公开发行股票进行融资上市，其主要原因是，中小板或创业板上市条件低于 A 股主板，科技公司更容易达到中小板或创业板上市融资条件。通过 Wind（万得）数据库，借鉴马宏烈和陈晓红对科技型上市公司的界定标准，2014—2019 年共有 681 家公司通过中小板或创业板上市，通过对所有上市公司进行筛选，共有 503 家企业符合筛选要求，从得出的结论可以较为直观地看出每个区域每年科技型公司上市融资额度，全国范围内平均每年科技型公司在中小板及创业板首次公开上市募集资金达到 526 亿元。

从区域来看，东部地区科技公司上市募集资金活跃度远高于其他地区，其中北京市、上海市、江苏省、浙江省、广东省的科技公司上市数量遥遥领先于其他省市，位于全国前列；中部地区在 2017 年科技型公司上市募集资金量超过西部地区，受山西省、江西省影响，自 2018 年起中部地区融资额度开始下滑，但是湖南省、湖北省科技型公司上市数量保持稳定并有一定的增长趋势；西部地区中，四川省、重庆市两地区增速较快，贵州省、云南省等部分地区增速紧随其后，但是内蒙古自治区在统计的时间范围内没有一家科技型公司进行上市融资活动；最后，东北地区是科技型公司上市数量以及融资额度最少的区域，2014—2019 年年均融资 10 亿元，其中 2018 年没有一家科技型公司上市融资，同时吉林省、黑龙江省 2018 年、2019 年融资额度均为 0，反映出东北地区科技型公司主要活动于辽宁省。2019 年 6 月 13 日科创板正式开板，2020 年 7 月 25 日创业板迎来改革，开始实施注册制，科技型公司上市门槛进一步降低，更有利于科技型公司通过证券市场进行融资，丰富其融资渠道。

总体来说，目前我国科技金融投入差异较大，东部地区的科技金融投入领先于其他三个区域，远高于全国平均水平，东北地区最少；中部地区政府在科技发展方面财政扶持力度较大，但是企业、研究机构以及高校研发投入较少，对财政扶持有一定依赖度；西部地区科技金融投入增速较快，尤其四川省、重庆市的增幅领先该区域其他地区，同时贵州省财政科技支出占比排名西部地区第一名，说明贵州省对科技发展扶持力度大，重视公共科技领域发展，此外，西部地区非财政科技支出远高于中部地区；东北地区中辽宁省科技金融投入远高于吉林省、黑龙江省。由此，科技金融投入可能与区域经济发展水平、区域产业结构、政府扶持力度、金融发展程度等原因密切相关。

3.科技金融产出现状

关于科技金融产出，可以分别从专利申请授权量、科技论文数量、技术市场成交额、高技术产品出口额等四个方面进行研究，从而分析全国科技金融产出以及各区域省市科技金融产出现状及差异。

（1）专利申请授权量

专利申请授权量是衡量自主创新能力最直接的指标，主要统计某地区所享有的发明创造专有权的总数量。2019年我国专利申请授权量为38476件，较上年增加1698件，增长4.62%，增速同比上升0.58个百分点。2010—2019年我国专利申请授权量保持逐年增长的良好势头，特别是2010—2015年我国专利申请授权量近似呈现直线上升趋势。2015年后，我国专利申请授权量的增长速度虽稍有放缓，但从总体上看仍保持平稳的较快的增长态势。可见，近年来我国自主创新能力和水平得到了有效提升，相关的政策和措施取得了良好成效。

（2）科技论文数量

科技论文产出是科技创新活动产出的方式之一，科技论文主要通过文字、图表等相结合的方式，用严谨的话语，将通过科学分析或综合研究发现的问题、取得的科研成果等进行阐述，是进行学术交流的一种工具。科技论文产出主要反映了高校科技创新活动的成果，一个地区的科技论文发表越多越说明该地区科技相关的创新活动越为活跃，在一定程度上也说明该地区科技金融发展较好。

全国范围内，2014—2018年年均发表科技相关论文144.1万篇，且年均以4.2%的速度增长，其中2018年增幅最大，达到5.4%；从区域看，中部地区、东北地区科技论文数量有减少趋势，科技创新活动略微弱于其他区域，而东部地区论文发表数量最多，增长幅度最大，高校科技创新研究活动最为活跃。

有学者选取了上海市、湖北省、四川省、贵州省、辽宁省五地的科技论文发表数量进行分析发现，东部地区的上海市数量依旧领先于其他地区代表省份；湖北省、辽宁省分别作为中部、东北地区重点省份，其科技论文发表数量保持稳定递增，但是中部、东北地区整体数量出现下降趋势，说明中部地区部分省科技创新活动出现明显下降；贵州省科技论文发表数量较为稳定，年均发表 1.85 万篇，但是关联前文科技金融投入情况看，贵州省投入逐年增加，其科技论文发表数量却保持稳定，说明贵州省科技成果转化率较低，同时贵州省与四川省的科技创新活动存在明显差异，四川省科技论文年均产出是贵州省的 4 倍。

（3）技术市场成交额

技术市场成交额是指买卖双方在技术中介机构或商品经营场所进行交易所形成的合同总金额，是科技成果转化的主要表现形式。2019 年我国技术市场成交额共计 22398.39 亿元，与上年同期相比增加 4700.97 亿元，同步增长 26.56%，增速下降约 5.27 个百分点。

2010—2019 年我国技术市场成交额持续增加，特别是 2017 年之后增长速度明显加快，实现了总量与增速的双提升，这与我国加快促进科技成果转化落地相关政策措施的施行紧密相关。这充分表明，近年来我国技术市场发展日益完善，科技成果转化落地的能力得到有效提升。

（4）高技术产品出口额

高技术产品出口额代表了一个地区研发生产的科技金融产品的海外市场占有率。与技术市场成交额一致的是，高技术产品出口额同样与科技金融水平具有一定的正向关系，一个地区的高技术产品出口数越多，表明该地区内科技研发活动越活跃，企业拥有领先全球的技术越多，科技金融发展得越好，反之亦然。

我国是一个出口导向型国家，一直以来以出口轻工业产品为主，近年随着科学技术快速发展，部分科技产品开始逐渐走出国门。数据显示 2018 年我国高技术产品出口额达到 1881 亿美元，较 2014 年增长 45.7%，增幅巨大，说明我国高技术产品被国外市场逐渐认可。高技术产品出口额与科技论文发表数量、专利申请授权量、技术市场成交额一致，整体呈现增长趋势，地区之间存在明显差异，东部地区不仅出口额领先其他地区，其增速也领先；中部地区高技术产品成交额明显少于西部地区，这与技术市场成交额相反，西部地区高技术产品年均出口额是中部地区 1.37 倍，远远领先中部地区，仅次于东部地区，这可能是由于近年我国大力推动"一带一路"倡议相关，西部地区作为"一带一路"的起点地区，可以借此大力出口高技术产品；东北地区高技术产品出口仍然最少，年均出口额仅为 125.7 亿美元，占全国 7.87%，比排名第三的中部地区年均少 215.9 亿美元。

通过对科技金融产出的现状分析可以发现，科技金融产出与科技金融投入整体趋势相一致，整体而言都保持快速稳定增长，区域之间存在明显差异。东部地区科技金融产出占比远超其他地区，整体占全国 50% 以上，技术市场成交额占比更是达到全国总成交额的 76.9% 左右；中部地区与西部地区科技金融产出不相上下，中部地区部分科技金融产出略高于西部地区，但是西部地区科技金融产出整体呈现增长趋势，中部地区科技论文产出有下降趋势；四川省、重庆市、贵州省科技产出增长率居西部地区前列，其中贵州省专利授权数量以年均 18.9% 的速度快速增长，2018 年增长速度达到 28.8%，位居前列；东北地区的科技金融产出呈现明显下降趋势，这可能与近年东北产业结构升级相关，区域内仅有辽宁省的科技金融产出有明显增长，黑龙江省、吉林省均有明显下降。

4. 科技金融资源现状

（1）R&D（研发）人员全时当量

R&D 人员全时当量指的是 R&D 全时人员的工作量与非全时人员按实际工作时间折算的工作量之和，可较好地反映我国科技金融领域的人力资源情况。其中，R&D 全时人员是指全年从事 R&D 活动累积工作时间占其全部工作时间 90% 以上的人员。2019 年我国 R&D 人员全时当量共计 480.08 万人 / 年，同比增长 9.57%，增速较上年提升 0.95 个百分点。

2010—2019 年我国 R&D 人员全时当量呈现逐年上升态势，且总体增长势头强劲。2019 年我国东部、中部、西部地区和东北地区 R&D 人员全时当量分别为 314.93 万人 / 年、85.49 万人 / 年、60.99 万人 / 年和 18.66 万人 / 年，较上年分别增长 7.97%、14.56%、10.98% 和 10.51%，其增速与上年相比：东部地区降低了 2.26 个百分点，中部、西部地区和东北地区分别上升了 5.35 个百分点、5.82 个百分点和 17.63 个百分点。中部、西部地区和东北地区 R&D 人员全时当量虽在总量上与东部地区存在较大差距，但其增速均高于东部地区与全国平均水平，表明这些地区的追赶步伐明显加快。由此可见，我国相关政策与培养机制已取得良好成效，科技人力资源水平不断上升，区域差距正逐渐缩小。

（2）金融机构参与情况

近些年来，国家号召以银行业为代表的金融机构要有针对性地支持科学技术创新产业的发展，发挥出金融机构助力我国实体经济向前稳步增长的积极作用。

2005 年，我国金融机构为科学技术产业提供的贷款总额为 160125.9 亿元，到了 2020 年，我国金融机构为科学技术产业提供的贷款总额已经达到了 1283250 亿元，相比于 2005 年增长了 8.01 倍，年平均增长率 46.76%。说明在国家政策影响下，以银行为代表的金融机构开始意识到科学技术发展的重要性，开始慢慢地参与到科学技术发展的过程当中。

5. 科技金融经费现状

R&D 经费内部支出是指企事业单位为基础研究、应用研究和试验发展活动的开展而提供的资金支持，包括用于 R&D 项目的直接支出以及用于 R&D 活动的管理费、服务费等间接支出。2019 年我国 R&D 经费内部支出共计 22143.58 亿元，同比增长 12.53%，增速较上年同期提升了 0.76 个百分点。

2010—2019 年我国 R&D 经费内部支出水平近似呈直线上升趋势。这表明，近年来我国 R&D 经费内部支出基本以较高速度保持平稳增长，我国企事业单位对科技研发活动的资金投入力度不断加大，对科技创新的重视程度也持续增强。2019 年我国东部、中部、西部地区和东北地区 R&D 经费内部支出数量分别为 14614.01 亿元、3867.64 亿元、2858.53 亿元和 803.4 亿元，同比增长 10.80%、17.66%、14.77% 和 13.14%，其增速变动依次为：东部地区下降 0.18 个百分点，中部、西部地区和东北地区分别上升 1.09 个百分点、1.39 个百分点和 12.34 个百分点。R&D 经费内部支出的这一变动情况与 R&D 人员全时当量基本一致，这进一步印证了中部、西部地区和东北地区在科技金融领域追赶步伐加快，区域差距逐渐减小。

综上可以看出，我国科技金融目前整体快速增长，但是存在明显的区域差异。东部地区在投入与产出方面均领先其他区域；近年来，西部大开发和"一带一路"倡议的推动，政府对西部地区的科技金融投入不断加大，西部地区科技金融投入、产出增长速度较快；中部地区科技金融投入增长较小，部分省市投入有明显减少趋势；东北地区科技金融现状呈现明显下降趋势，整体投入、产出不及东部地区发达省市。

（二）我国科技金融发展的特点

我国科技金融发展的特点主要有以下几个方面。

1. 高风险性

我国科技金融发展还处于不太成熟的阶段，所面临的风险相对来说还是比较高的。现阶段，我国科技金融的高风险性主要体现在科技金融的高杠杆风险、资金投入风险和技术风险等，由中国统计年鉴统计数据显示，截至 2019 年第三季度末，我国科技金融机构不良贷款余额为 2.37 万亿元，较上季末增加了 1320 亿元，第四季度末，不良贷款余额为 2.41 万亿元，较上季末增加了 463 亿元；在 2020 年第一季度末，不良贷款余额为 2.61 万亿元，较上季末增加了 1986 亿元，第二季度末，不良贷款余额为 2.74 万亿元，较上季末增加了 1243 亿元，第三季度末，不良贷款余额为 2.84 万亿元，较上季末增加了 987 亿元。通过上述的数据可以看出，科技金融机构的不良贷款余额数每季度都在上升，说明科技金融机构贷款的不良贷款问题一直存在，科技金融的高风险性一直存在。

2. 高回报性

基于科技金融的高风险性，相对应科技金融也具有较高的收益率，风险与回报是相对的。据国家统计局数据显示，截止到 2020 年 7 月份，科技类基金占据收益榜前三，累计涨幅高达 85%，非银行业金融机构板块涨幅为 33.39%，国防军工累计涨幅达到 24.97%，证券板块的基金涨幅达到 30% 以上，相比较来说，科技金融类涨幅明显高出很大一部分，并且在全国高新区企业的营业收入从 12.73 万亿元增加到 38.55 万亿元，增长率达到了 202.83%，其中 2020 年初的出口总额达到了 4.14 万亿元。由此可见，科技金融具有高回报性的特点。

3. 高成长性

从最近几年来看，我国的科技金融发展迅速，从 2015 年到 2020 年初，我国从事科技金融从业人员从 15271992 人增长为 22134834 人，增长率为 44.94%；企业数也从 74275 个增加到了 141147 个，增长率为 90.03%；金融机构贷款额从 71.32 万亿元增加到 128.32 万亿元，增长率为 79.92%；科技金融融资总额从 138.28 万亿元增加到 251.41 万亿元，增长率为 81.81%；在现阶段我国市场经济的引领之下，我国政府加大力度推进了商业银行开发、开展科技信贷相关业务，并且还采取成立了风投基金公司，拓展了有关科技金融资金的来源，发展多渠道多方面的金融资金供给，在更大范围内推动科学技术和金融资本的结合，我国的科学技术与金融资本相结合得日益完美，进一步完善了我国的科技金融发展创新机制，致使我国科技金融发展步入了协调快速发展的新阶段，显著地促进了我国实体经济的发展。

（三）我国科技金融发展存在的问题

科技金融对推动我国科技创新具有重要作用，但我国金融系统在价格发现、信息处理等方面对科技创新的支持作用仍然受到一定抑制，存在一定问题和障碍。具体而言，主要有以下几点。

1. 金融基础设施不健全

金融基础设施是指与金融系统运行有关的硬软件配套设施以及包括支付清算、公司治理等在内的制度安排。美国纽约联储副主席沙基（Chaki）认为，良好的金融基础设施是美国直接融资体系与间接融资体系快速发展的重要原因。硬件设施方面，中国证券交易所依托后发优势，其硬件配套在某些方面甚至优于美国，但我国在制度安排、软设施方面较为落后，对金融支持科技创新造成阻碍。例如，股票市场信息披露制度不健全，信息造假惩戒力度不足，鉴证业务相对落后，会计信息质量欠佳。1991年至今，中国股票市场同向波动率约为90%，而美国、法国等国1995年同向波动率仅为58%。高同向波动率增加了投资者辨别公司质量的难度，限制了资本配置效率的有效提升，并导致具有高未来增长潜力的科技型企业难以得到有效支持。

2. 金融支持体系结构单一

我国金融体系长期以来以间接融资占据主导地位，以资本市场为代表的直接融资体系的发展相对较慢。

一是资本市场投资者成熟度较低，科技金融资金来源渠道相对单一。发达国家资本市场参与者包括个人、企业、养老金、国外投资者等，且由于投资渠道的多样性，各参与者能够依据自身风险偏好和风险承担能力选择科技创新的某些阶段予以介入。

投资渠道的多样化以及资金来源的丰富性提高了金融市场资源配置效率，扩大和提高了科技创新金融支持的发展路径和质量。我国资本市场投资者以个体散户为主，机构投资者相对缺乏，现有科技创新资金主要来源于政府资金支持以及银行的信贷放款，对个体、企业等资金调动不充分。

二是资本市场发展相对滞后，直接融资与间接融资体系相互竞争、相互促进的发展格局难以形成。

3. 银行业支持科技创新存在固有缺陷

尽管受到金融监管、居民储蓄习惯等因素影响，银行吸收大量社会闲置资金，在我国金融体系中居于主导地位，但银行业对科技创新活动提供的支持存在固有缺陷，主要体现在以下几点。

一是银行经营需要遵循安全性、流动性的原则，对具有较高不确定性的科技型中小企业技术创新提供金融支持，既无法准确预计还款现金流入，需承担科技型中小企业高度技术风险、市场风险等带来的本息潜在损失风险，也难以获取有效担保。银行出于保护存款人利益目的，缺乏对科技型中小企业提供信贷支持的行为动机。

二是信息不对称导致的逆向选择与道德风险问题使得银行难以有效防范信贷风险。科技创新具有高度专业性和复杂性，商业银行缺乏必要人员对科技创新项目进行筛选评估，同时技术创新项目的保密性也限制了商业银行对科技创新的有效评价能力，从而产生较严重的逆向选择问题。

三是债务融资存在的风险收益不对称问题，这也会限制银行资金对科技创新的介入。当科技创新项目成功时，银行只能依据契约收取固定收益，而当科技创项目失败，银行则面临本息损失的高额风险。特别是在过去利率市场化程度不高的条件下，金融机构难以从中小企业信贷业务中获取与风险相匹配的收益，仅能获取较低固定利息收益，导致金融机构对支持技术创新的动力不足。

四是银行业产业结构失衡，垄断性过强，国有商业银行竞争压力不足，缺乏开拓科技型中小企业业务的动力，导致科技型中小企业金融资源配给不足。

此外，我国的科技银行信贷市场还存在资产评估体系发展滞后、信用体系不健全等问题，也对银行业支持科技创新造成了阻碍。银行在信贷审核过程中较为关注资产有形性以及资产规模，科技型中小企业普遍存在资产有形性低、资产规模偏小的特征，其资产价值主要集中于专利技术等无形资产中。无形资产作为抵押担保品的前提在于对其价值的准确可靠估计，这就依赖于发达完善的资产评估体系为资产交易流通提供准确估价。滞后的资产评估体系增加了抵押物估价误差风险，导致银行无法通过执行抵押物为贷款提供有效保障，从而难以提升银行发放贷款行为意愿。信用体系方面，资信不足是银行不愿意为科技型中小企业发放贷款的重要原因。科技型中小企业本身存续时间短，资信记录不足，加之企业资信体系尚未建立，进一步加剧了科技型中小企业资信问题对其获取融资的负面影响。

4.创业投资机构缺位

一是资金来源单一。我国创业投资基金主要来源于政府或具有政府背景的国有企业等，民间投资较为匮乏。在创业投资发达的美国，其创业投资资金主要来源于私人资本。同时，现有创业投资机构组织架构较为单一，融资渠道有限，难以充分调动包括个人、企业、金融机构等多重力量进入风投网络。

二是退出机制不健全，多层次资本市场有待完善，创投资本难以顺利退出，管理层收购、回购等退出渠道运用受到制度性限制。目前，创业投资机构大多数投资都滞留在被投资企业，依靠被投资企业股利分红形式收回投资，导致风险投资周期拉长、风险增大，创投机构与被投资企业相绑定，难以实现自我增值和发展。

三是创投资本管理团队专业化程度偏低，存在经营短视、盲目跟风投资现象。一些创业投资机构将风险资金用于证券市场短期投机，难以将资金配置到科技企业，也难以将资金用于企业技术创新活动，从而背离了风险投资业务初衷。此外，目前国内创业投资机构规模相对较小，受到资金规模限制，难以通过组合投资实现风险分散，缺乏应对较高风险的能力，导致其资金无法实现快速滚动扩张。

5. 中介服务体系有待完善

目前，我国金融中介服务存在问题主要有：针对科技创新的担保机制不完备，知识产权质押等存在较大操作困难，惠及范围有限；会计师事务所、律师事务所等中介机构在人才、管理等方面存在一定缺陷；部分中介机构缺乏诚信，行业监管相对缺位，导致市场存在诚信真空。

第二节　科技金融发展的主要模式

一、科技金融发展的基本模式

我国科技金融发展受到多方面因素的影响，包括政府、金融机构和商业银行等，因此每个地区的科技金融发展模式也不尽相同，根据参与主体的地位和不同的发展环境，可以将科技金融发展的基本模式分为政府主导模式、资本主导模式和银行主导模式三类。

（一）政府主导模式

政府主导模式主要强调了政策性金融的主要作用，不仅仅体现在政府需要对科技企业的融资进行扶持，还体现在需承担一定的投资风险。在该模式中，政府的职能可以得到最充分的利用，扮演着重要的角色。该模式适用于科技金融起步较晚且处于超赶阶段或者发展早期阶段的国家，其中韩国、以色列和中国等国家是最典型的政府主导模式的代表。

（二）资本主导模式

资本主导模式强调资本的作用，主要包括创业风险市场、债券市场和股票市场，主要特征为：资本市场发展较快且流动性好，创业风险投资发展快速以及环境优良。国内外采用资本主导模式的国家主要在欧美国家，其中英国和美国是最典型的资本主导模式代表。

（三）银行主导模式

银行主导模式强调了银行在科技金融发展中的重要作用，相比其他模式，银行主导模式更加注重银行与企业的紧密结合。国内外采用银行主导模式的国家主要是日本和德国。

二、国外典型的科技金融发展模式

（一）以色列科技金融发展模式

1.金融支持科技创新的主要方式

以色列政府通过制定科技创新驱动战略，自 20 世纪 80 年代成功推动了本国电子信息、生命科学、现代农业以及新能源等高科技领域的发展，并均取得了全球领先地位。这些成就的取得，与以色列政府在科技金融领域的战略规划与成功实施是分不开的。这些战略规划主要包括一系列促进科技创新的法案、政府主导的各类创新基金项目以及推动风险投资行业的开放与发展。

（1）政府支持科技金融的主要方式

第一，有效实施支持科技创新的法律。以色列于 1985 年颁布实施了《产业创新促进法》，将政府支持产业科技创新的政策意图以国家法律形式加以体现。该法的立法宗旨为，无论是企业规模大小还是所有权性质如何，只要符合创新条件，均可申请政府的各类研发支持基金，希望通过政策性资金支持企业的研发投入，达到鼓励中小创新型企业发展的目的。该法还要求建立新的科技创新管理体制，因此政府应要求设立首席科学家办公室这一统筹管理科技创新资源的国家级部门，职责是牵头负责以色列政府一系列研发支持计划，包括研发基金计划、孵化器计划（the incubator program）、磁石计划（the magnet program）以及国际科技合作项目等众多科技创新活动。事后证明，这些研发基金的设立取得了很好的效果，每年数以百计的科技创新项目因此获得了资金支持。

第二，政府直接提供债权性资金。在《产业创新促进法》下，政府负有直接向科创企业提供条件宽松的债权性资金的责任，并建立了两类资金的提供渠道。

一个渠道是研发支持基金（the R&D fund）。该基金是以色列政府最早实施，也是适用范围最广、规模最大的一项创新扶持计划，具有适用企业的范围广、审核条件宽松、资金支持力度大（政府资金不超过研发预算成本的20%～50%）的特点。

如果基金所支持的研发项目获得商业成功，则受资助企业以专利费的形式按一定比例及年度偿还政府的资助资金。受资助企业在前3年每年应偿还销售收入的3%，此后则按销售收入的3.5%进行偿还，但政府获得的收入总计不得超过资助本金及相应利息之和。

另一个渠道是双边产业研发基金。以色列政府努力拓展国际技术合作领域，遴选符合条件的国家及企业、研发机构，通过国际合作，分享先进技术，获取国际市场信息，有效推动新技术、新产品进入国际市场。

以色列政府分别与美国、加拿大、新加坡、韩国与中国都建立了类似的基金，取得了较好的成效。例如，以美双边产业研发基金（BIRD基金）是全球历史最悠久的双边合作基金之一，由以色列和美国政府在1977年联合创建，旨在促进以美两国中小型企业进行产业技术创新的国际合作。

成立至今，BIRD基金已支持超过900个产业合作项目，支持金额总计超过3亿美元，资助项目的累计销售金额则超过了100亿美元。

BIRD基金的特点如下：一是双边合作。BIRD基金要求所有申请的项目必须是由一家以色列公司和一家美国公司联合申请，两家公司共同承担研发和销售过程中的风险，审查专家组由美国国家标准与技术研究院（NIST）和以色列首席科学家办公室组成。二是政策性债权融资，无参股和分红要求。只有当该项目获得销售收入时，BIRD基金才会要求企业偿还提供的资金；如果项目失败企业无须还款。三是鼓励科研成果尽早商业化。该基金根据偿还期限的不同设置了不同的偿还比例，比例从100%到最高的150%不等。如果企业能在项目完成第一年还清，则只需要偿还初始投资的100%，即偿还本金即可。

第三，鼓励国外风险投资业投资本国企业。以色列上市企业的数量在纳斯达克市场中仅次于美国本土企业。这是由于早在20世纪80年代末期，出于非北美企业在纳斯达克市场的上市管制大大放松，使得一批以色列科技企业在纳斯达克上市，引起了众多的国际风险投资机构对以色列科技企业的注意。以色列政府注意到欧美成熟风险投资机构在促进本国科技企业发展和进入美国资本市场的巨大推动作用，也鼓励国外风险投资业投资本国，促进以色列科技企业尽早熟悉欧美资本市场规则和国际化发展。

目前，从机构数量上看，以色列大约有 80 家活跃风险投资机构，其中仅 1/4 为外资分支机构，以欧美投资机构为主。然而从投资总额来看，外资机构则占据了主导地位。2003—2012 年，外资机构风险投资总额在以色列占比高达 60%，且近年来该比例仍在上升。近年来，来自中国的资本也加大了对以色列科技公司和风投基金的投资，包括百度、复兴医药和阿里巴巴等公司都已涉足以色列科技投资领域。

（2）金融机构发展科技金融的主要方式：成立国家层面的新兴产业创投基金

1993 年，以色列政府推出约兹马（YOZMA）风险投资基金计划，希望通过建立这一国家层面的新兴产业创投基金，吸引国际风险投资企业，并促进产品出口和本国科技企业的成长。YOZMA 风险投资基金成立时规模 2.63 亿美元，其中以色列政府出资 1 亿美元，其余由国外风险投资机构出资。

这一计划的实施取得了良好的效果，表现在两个方面：一是投资卓有成效，目前 YOZMA 风险投资基金净值规模已超过 40 亿美元，直接投资了 50 余家科技公司，基金投资的众多公司已赴欧美资本市场上市，或被大型跨国企业并购；二是成功吸引了国外创投机构的注意力，1991—2000 年，以色列年度风险投资金额增长了近 60 倍，以色列科创企业吸引了全球近 35% 的风险资本。可以说，YOZMA 风险投资计划在引入国外风险资本支持本国高新技术发展、实现多方共赢方面起到了重要作用。

YOZMA 风险投资计划分两个部分：一是政府主导建立 10 只分立的私人风险投资基金（有限合伙制企业），每只风险投资基金的规模为 2000 万美元，其中以色列政府投入 800 万美元（占比 40%），另外的 1200 万美元由国外商业性创业投资机构投入（占比 60%），基金由国外创投机构负责运营管理，政府不干预基金运作，并与管理机构共担风险；二是政府直接对科技型中小企业进行投资，其投资总额为 2000 万美元。退出机制方面，以色列政府规定，合作的国外创投机构有权在 5 年内以约定价格收购政府所持的基金份额，体现了以市场为主体的宗旨。

最终，YOZMA 风险投资基金首期的 10 只子基金中，8 只政府所持基金份额被创投管理机构收购，其他两家也通过拍卖等形式实现了政府投资的退出。

2. 金融支持科技创新的主要特点

（1）政府主导建立企业风险分担机制

以色列政府除了注重在宏观层面构建适宜科技创新的政策环境之外，也在微观层面出资支持科创企业。值得注意的是，政府的投资理念中不考虑具体项目投资的成败和投资收益率，而着重考虑投资的外部性和宏观影响。表现在：无论是研发支持基金、双边产业研发基金、YOZMA风险投资基金，还是孵化器项目，政府投资都不谋求持股，而只要求较低的投资回报，在创业项目失败的情况下还实行债务豁免。在政府与社会资本分担科创企业风险的上述项目中，政府有意分担了部分或大部分风险而较少享有收益，从而使分担风险的另一方有较高的积极性孵化或投资高风险的科创企业。

此外，政府还主动对具有"高技术优势"的公司和企业提供税收减免、特殊贷款和投资补贴等优惠措施。符合条件的科技创业公司，可享受最低5%的企业所得税税率优惠

（2）注重发挥市场化风险投资的作用

以色列政府为风险投资业的发展提供了适宜的制度环境，不仅包括税收优惠政策，也包括建立政府引导基金，以财政杠杆撬动外资和社会资本。在这一过程中，政府只是搭建平台，向风险投资业提供部分资金并制定相关规则，但通常并不负责具体运营，以避免过度行政干预。因此，以色列的风险投资虽然起步较晚，但在政府的税收优惠、资金注入、引入国际著名风投管理机构等各项支持措施下，发展速度很快。

市场化的风险投资业对以色列成为全球创新创业中心之一发挥了重大作用，对科创企业充裕的金融服务使以色列成为世界上学术成果产业化、军事技术民用化最为成功的国家之一。

（二）印度科技金融发展模式

从20世纪八九十年代开始，印度中小企业日益成为印度经济中重要的一部分。其通过创造就业机会，拉动投资和出口，促进印度经济的发展，不仅自身飞速发展，还推动了印度国内的行业壮大，并很快融入全球市场中参与科技进步和创新能力的竞争，甚至有不少成为具有世界竞争力的公司，推动印度在国际产业链中发挥日益重要的作用。

1. 规范的科技金融法律法规

印度能够在较短的时间内成为世界科技产业翘楚，与该国政府在立法方面做

出的努力息息相关。在推动科技发展的过程中，印度政府力图通过立法保持科技政策的权威性与连续性。1958 年 3 月，印度议会通过了《科学政策决议》，在这项政策的指引下，印度搭建了国家科研体系的总体框架；1983 年 1 月，印度颁布了《技术政策声明》，强调大力发展本土创新科技，也就是说科技发展要最大限度地创造机会、改善民众生活质量；1993 年颁布了《新技术政策声明》；2003 年制定了《2003 科学技术政策》，强调最大化运用印度现有的科技研究体系，通过国际交流等手段提高科研能力；2013 年印度总理宣布了印度《2013 科学技术和创新政策》，提出调整印度国家科技战略，除此之外，印度政府还制订了每五年一次的科技研发计划。

上述五个重要文件都是以立法的形式予以确认和颁布的，从而成为指导印度科技发展的框架性文件。文件中所确定的方针政策不仅是科技工作的指导方针，而且是印度政府履行对科技承诺的检验标准。

2. 强有力的政策性支持

印度政府非常重视中小企业的发展（不局限于科技型中小企业），从财税、信贷、技术、基建等层面采取了一系列措施推进科技产业化和科技企业发展壮大。印度政府大力支持科技金融发展，科技研发经费的 85％由中央及各邦政府提供，设立技术开发和应用基金推动科技发展，同时采取一些具体有效的保障措施。一方面，对软件出口实行零关税、零流通税和零服务税，并提供劳动合同税、个人所得税等多税种的优惠。另一方面，制定和修改了《信息技术法》和《版权法》等法律法规，保护软件知识产权，促进软件业发展，并创造合适的法律环境。

为了让科技成果实现产业化发展，鼓励科技人员进行创业，印度建立了科技企业发展委员会，使科技型中小企业可以从体制上得到保障。为了让产业界、科研机构等加强联系，使科技型中小企业获得发展的动力，印度的科技部、金融机构等一同建立了科技企业园，为技术产业提供孵化器，让科技人员可以获得创业指导和支持。此外，印度规定引进国外技术需要征 5％的税，这笔税金用来建立技术应用和开发基金，用于支持本国技术研发。加大政府投资力度，为科学与工业研究部、生物技术部、科技部等生产技术的研发提供经费。印度的软件产业实现了飞速发展，围绕这一产业出现了许多类型的风险基金，如私营风险基金、国家风险基金等。科技型中小企业得到这些风险基金的支持，实现了快速发展。

3. 多层次的资本市场

多层次的股票市场为培养和壮大高科技企业提供了重要的直接融资渠道，也为印度风险投资的快速发展提供了良好的退出渠道。印度的资本市场已有100多年的历史，已经形成了比较完善、高效、透明的市场机制。目前，印度拥有包括2家全国性的股票市场和25家地方性的股票市场在内的27个股票市场，这2家全国性股票交易所是孟买证券交易所（BSE）和国家证券交易所（NSE）。世界银行的数据显示，截至2012年12月，共有5191家印度国内企业在印度股票市场上市，上市公司数量为"金砖五国"之最。印度多层次资本市场的重要特点之一是把支持中小企业融资和促进高科技产业发展放在突出位置，资本市场在支持中小企业融资和提升产业结构方面发挥了积极作用。印度多层次资本市场培育了一批堪与欧美大公司竞争的高科技企业，如软件业巨头Infosys（印孚瑟斯）和Wipro（威普罗）等。印度在逐步深化的资本市场改革过程中，运用市场机制的调节作用，积极主动地稳固市场架构、优化市场制度以及强化上市公司治理。发达的多层次资本市场使印度资产和财产的股票化、证券化程度较高，企业比较容易从资本市场获得资金。

印度资本市场最大的优势在于其上市公司IPO的定价无须审核，可以自由定价，这在充分尊重市场选择的同时也为科技企业尤其是科技型中小企业获得大额融资提供了可能。印度企业尤其是科技型企业融资可得性的困难程度远低于我国。据调查表明，我国超过80％的科技型企业认为面临融资困难，而印度这一比例仅为52％。麦肯锡采用五个标准对比印度与亚洲其他国家银行发现，印度银行在股东价值提升、资本配置效率和GDP贡献度等层面，分值高于其他银行。印度的资本市场占据主导，为成长性的科技型中小企业提供了宽广的融资空间和多元的融资渠道。

此外，印度完善的经济制度，使其对金融合约执行的有效性大大提升，这对资本市场、风险投资的发展至关重要，进而为科技型中小企业融资提供肥沃的制度土壤和适中的金融水分条件。

4. 独特的创业风险投资

印度风险投资基金的初步构想可以追溯到1973年，随后政府颁布长期财政政策、进行试点、颁布减免税收条例、建立不同层次的风险基金等。目前印度最大的风险投资公司——印度技术发展与信息有限公司以及另外两个著名的个人风险投资公司均将总部或办事处设在班加罗尔。

印度科技金融风险投资公司主要具有两方面特点：第一，主要由金融机构发起设立，包括由中央联邦政府控制的、由州政府控制的，公共商业银行、外资银行及私人银行发起设立的；第二，风险投资主要投资于风险企业的成长期、后期及已上市风险企业。

尽管印度风险投资行业发展的历史并不算长，但在政府的大力支持下得到了快速发展。特别是，日益活跃的风险投资活动对印度软件行业的发展起到了关键作用，使印度软件业在竞争激烈的全球 IT 市场中悄然崛起，GDP 的贡献度为 6%，印度软件和信息技术带动的服务业在过去五年年均增长率超过 30%。其中，最具代表性的 IT 产业风险投资基金之一是 1999 年由印度小型工业发展银行、印度工业发展银行和印度政府共同出资成立的国家软件和 IT 产业风险投资基金（NFSIT）。该基金特别用于小规模企业融资，涉及所有 IT 产业、多媒体、数据通信和电信增值服务。其主要特点之一是为促进与海外 IT 企业建立同盟关系提供支持，甚至包括那些由印度移民所设立的 IT 企业。

为了满足中小企业的风险资本需求，特别是针对创新型企业和技术型企业，2008—2009 年财政预算宣布为小产业发展银行（SIDBI）设立一只 2 亿卢比的风险投资基金。SIDBI 以股权、优先股本、可转换债券等形式提供风险资金，直接援助中小企业。截至 2012 年 3 月 31 日，共有 1.19 亿卢比风险资金已经通过 SIDBI 交付给中小企业。为了加强对中小企业股权融资的支持，2012—2013 年财政预算宣布通过 SIDBI 建立一只规模 5 亿卢比的印度机会风险基金（Opportunity Risk Fund）。

三、我国典型的科技金融发展模式

（一）成都科技金融发展模式

成都市也在积极探索科技服务模式创新，并基于互联网面向中小企业提供科技金融综合服务的平台——盈创动力科技金融服务平台，形成"盈创动力"模式。它由成都高新投资集团有限公司投资，成都高投盈创动力投资发展有限公司负责具体运作。"盈创动力"的运行模式如下。

第一，集结资源，提供"一站式"服务。盈创动力是一个综合性服务平台，聚集了各种为中小企业提供全程投融资及金融配套服务的资源要素，包括创业投资、产权交易、中介咨询、信息服务、担保等机构，各专业机构以现场办公、在线服务、网络咨询等方式组成盈创动力的服务体系。此外，盈创动力还建立了强大的动态数据库，各企业的资金需求、行业动态、企业基本面信息以及企业信用记录等都将入库。当一家企业提出资金帮助需求时，工作人员会根据企业需求进行分类，然后把企业需求传递给相应的投融资机构和中介机构，实现供求信息的高效对接。

第二，统借统还，"打包"企业批量融资。由于科技型中小企业融资额度小、风险大，多数商业银行敬而远之。盈创动力以成都高新投资集团下属的成都高投创业投资公司为平台，筛选、组织一批有资金需求的中小企业，"打包"后向银行融资。

第三，政府参与，共同承担风险。为了拓展高新区内企业债权融资的渠道，降低区内企业贷款风险，高新区管委会、银行、担保公司建立了共同承担风险的机制，成都高新投资集团专门成立了融资担保公司。对于贷款风险，担保公司承担70%、高投创业承担12%、银行承担18%；为了降低企业融资成本，高新区对贷款企业给予基准利率加贴息补贴和40%的担保费补贴。此外，高新区管委会还建立了年末按担保余额给予担保企业奖励的制度。

第四，推出优惠政策，吸引民间贷本。经过多年培育，成都高新区内的许多科技型中小企业已从初创期进入成长期、扩张期，债权融资已不能满足它们的需求，股权融资和上市融资成为当务之急。为此，盈创动力把有限的政府资金设立为引导基金，投融资的重点主要放在吸引民间风险投资。盈创动力通过税收减免、购房补贴、入住投资机构和对投资管理人员缴纳所得税给予奖励等优惠政策，吸引深创投、银科基金等投资机构和管理机构入驻，多方筹措风险投资资金。

（二）陕西科技金融发展模式

陕西省的西安高新区在科技金融工具创新方面做了许多有益的尝试，值得借鉴。西安高新区的做法主要有以下几点。

第一，西安高新区通过设立"高新区中小企业金融超市"，向中小企业提供涵盖了多种金融产品与增值服务的融资解决方案，针对企业的个性化融资需求提供从咨询、辅导到对接，直到完成融资的全过程服务，以帮助中小企业度过融资难关。

第二，2008年9月，西安高新区被科技部和中国保监会批准为国家开展科技保险创新试点工作城市（区）。高新区设立了1003万元的科技保险补贴专项资金，对企业的科技保险保费给予40%～60%的补贴原则上不超过10万元。

第三，陕西省科技厅在省级财政专项资金存放商业银行管理改革实施方案和考核评价激励办法中，将中小企业贷款纳入考核指标，并通过财政贷款贴息的方式支持银行发放科技贷款，其将贷款纳入银行的考核指标中。

（三）湖北科技金融发展模式

湖北省开展了一项有特色的工作——建立了科技计划保荐制度。

首先，政府委托创投机构、管理咨询公司等为科技计划项目的保荐机构，优先将创投机构投资的企业和项目列入政府科技项目，邀请创业投资机构参与科技计划项目评审、科技奖励评价。

其次，政府对创投机构保荐的重点科技型企业采取无偿资助和阶段参股相结合的方式予以支持，将股权委托给保荐机构托管。

最后，政府投入跟进投资不超过创投机构实际投资额的50%，将部分增值奖励给托管机构。

第四章 科技金融发展实证分析

我国区域科技金融通过几十年的发展，相关政策法规不断完善，联合工作机制逐步建立，科技金融产品和服务不断丰富，对于加强金融资源和科技资源的结合、加快金融资本要素向科技型企业集聚、促进科技成果的转化发挥了重要作用。基于此，本章分为长三角科技金融发展、京津冀科技金融发展、河南科技金融发展、广东科技金融发展、山东科技金融发展五部分。

第一节 长三角科技金融发展

一、长三角科技金融发展的政策背景

（一）科技金融的政策背景

2016 年《"十三五"国家科技创新规划》明确提出，"促进科技金融产品和服务创新""建设国家科技金融创新中心"。党中央、国务院一系列政策举措，将科技与金融的结合提到前所未有的高度。次年，党的十九大报告提出"着力加快建设实体经济、科技创新、现代金融、人力资源协同发展的产业体系""增强金融服务实体经济能力"，要求全方位促进科技与金融深度融合。

2020 年中央在"十四五"规划中再次强调：完善科技创新体制机制，完善金融支持创新体系，促进新技术产业化规模化应用。

科技金融与另一个概念"金融科技"，虽只是词序前后顺序不同，但不可混为一谈。金融科技是由科技创新驱动金融发展为金融业的网络化、数字化、智能化转型，提供包括人工智能、云计算、大数据、区块链等现代信息技术条件，落脚点是"科技"，参与主体是科技企业。而科技金融的落脚点为"金融"，其目的则在于促进科技创新，参与主体，即提供产品和服务的主体是金融机构。在实际发展中，科技金融是金融科技所依存的外部系统环境，是其服务的对象和载体。

（二）长三角一体化发展政策背景

2010 年 6 月，正式提出长三角（长江三角洲）区域规划，规划期为 2009—2015 年，展望到 2020 年。为更好发挥上海等地区在对外开放中的重要作用，2018 年 11 月，长江三角洲区域一体化发展上升为国家战略，推进更高起点的深化改革和更高层次的对外开放。

2019 年 12 月 1 日，《长江三角洲区域一体化发展规划纲要》发布，要求长三角要激发市场主体活力，上海、江苏、浙江、安徽要增强一体化意识，加强各领域互动合作，扎实推进长三角一体化发展，增强对全国经济发展的影响力和带动力，促进我国经济的提质增效与结构升级。

二、长三角科技金融发展现状

（一）上海

为了更好地服务于科技金融的发展，上海市科学技术委员会创办了上海市科技金融信息服务平台，为中小科技创新企业和金融机构搭建沟通桥梁，缓解二者的信息不对称，促进科技贷款、股本融资、科技保险、政府专项资金的顺利对接。

2020 年，上交所（上海证券交易所）推出了科创板企业培育中心（上海），这是我国第一家正式开课的科创板培育中心。科创板企业培育中心以打造"科创之星"、服务国家战略为使命，推动科技创新企业加快登录科创板，以充分发挥科创板对我国科技创新的支持作用。

位于上海杨浦区的浦发硅谷银行是一家专注为中小型科技创新企业提供服务的科技银行，由上海浦发银行和美国硅谷银行共同出资组建，该银行旨在推进高科技风险投资。与传统的商业银行不同，浦发硅谷银行更加关注企业的成长能力，建立了以核心技术、人员团队、经营模式等多角度评估的科技创新企业认证标准，采用股权、债权结合的方式为科技创新企业提供资金支持，并搭建信息资源平台，降低融资企业和投资机构的信息搜集成本。

（二）江苏

1. 江苏省科技金融发展现状

近年来，江苏省不断完善配套机制，不断引领金融资本投向新兴产业，在科技金融发展上取得了卓越的成绩，并且正在逐渐形成具有江苏特色的科技金融产品服务体系，为我国科技金融产业的发展添砖加瓦。

（1）政府财政科技支出不断增加

江苏省建立了科技与金融联合工作制度。2008年江苏省在财政科技上的拨款数为91.52亿元，到2017年为止这一数据已经提高到了436.14亿元，短短的几年内，增长幅度达到376.55％。R&D作为科技创新中的焦点指标，是企业竞争力的直接体现。

（2）资本市场融资能力得到增强

科技型企业对融资需求旺盛，以往的融资门槛较高、审批程序复杂，科技型中小企业主要依赖银行贷款单一渠道融资，近几年融资渠道逐步增加。2008年，江苏省科技厅设立了中小企业科技投融资公共服务中心，以苏州市吴中科技创业园为主，联系中小企业孵化的各阶段为其提供融资租赁和债券融资等多种投融资途径，随后该平台又与苏州科技创业投资公司和浦发银行苏州支行合作开展了"科创贷"服务。

一些企业在符合条件之后，通过发行企业债券或者股票的方式在资本市场上进行融资。如今，在中小企业板或创业板两个板块上市的江苏省科技型企业已达到130多家。而那些没有上市的科技型中小企业则可以通过融资租赁和知识产权质押等方式进行融资。

近几年来，许多商业银行鼓励中小企业使用多种融资工具进行融资，其中包括应收账款质押、集合票据和商业承兑汇票等。部分外资银行设计出了供应链融资的方式来为中小型企业进行融资，不断拓宽中小企业的融资渠道。

2. 江苏省科技金融发展现存问题

（1）江苏省政策配套机制不完善

目前，江苏省尚不具备完善的科技金融服务体系，需要进一步健全关于科技投融资体系的多层次性，而科技保险及担保等业务仍处于试点探索阶段。一方面，现有的体系缺乏监督和制约机制，各个机构之间也可能出现合作不当以及互相推诿的情况；另一方面，缺少创新的科技型企业同样削弱了当前科技金融的实力。企业科技金融的创新成果目前几乎仅能依靠部分机构和高校提供，这种局面不利于科技创新成果的转化。除此之外，还缺少一个完善的技术评估体系，无法很好地衡量一项科技成果在科技金融市场中的价值。

（2）对科技金融的重视程度不够

首先，科技与金融的联系不够紧密，近年来虽然科技金融已经在江苏实施，政府也已经为科技金融做了很多相关工作，但是并未将科技部门与金融部门有机结合，金融部门与科技部门之间彼此并未互通。

其次，部分政府部门未对科技金融产业给予足够的重视。由于科研类项目周期长且风险未知，再加上得不到政府的支持，因此部分企业对此类项目敬而远之，转而选择投资周期短、收益高的其他项目。

再次，在缺乏良好宣传的情况下，江苏省部分企业对金融产品并不了解，以至于许多企业缺乏利用社会资本和金融资本进行科技创新的积极性。

最后，尽管部分机构一开始对科研的热情很高，但未能将科研成果投入到生产实践中去。科技研究是一个漫长的过程，但最终目标是投入商业开发直至推向最终市场。同时，专业型人才缺乏。由于目前学校专业设置，高校人才很难与当前科技金融的发展现状相匹配，缺乏既懂金融，又懂科技，还懂企业管理的复合型人才。

（三）浙江

从浙江科技金融发展现状来看，作为一种新兴金融业态，由于其发展周期相对较短，不可避免地存在诸多不足，这对科技金融积极作用的发挥造成诸多不利影响，主要体现在以下几个方面。

1. 融资模式单一且主体实力较弱

从浙江科技企业的市场融资模式来看，金融体制的诸多不足使得科技金融的发展完善面临诸多困境。一方面，由于投资理念、资金规模的差异，信托、基金及各类创投公司难以为浙江科技金融的发展提供持续、成规模的资金支持，商业银行仍是科技企业的主要资金融出方，融资模式较为单一；另一方面，银行等金融机构对贷款的谨慎态度形成的被动性放贷等因素，使科技企业对融资的需求与金融机构的供给难以形成无缝对接。较之其他地区，现阶段浙江商业银行在科技金融中的作用发挥得并不理想。

2. 科技创新与金融创新不相协调

作为生产力发展的决定性动力，科技创新地位显著，但科技的进步也必然伴随着巨额的资金投入。在第三次科技革命发展的浪潮中，浙江省科技创新取得诸多有益成果。从与科技创新配套的资金投入体系的发展现状来看，传统的信贷服务体系仍是科技创新的主要资金来源，适合科技企业的创新型金融产品相对较少，这也造成两方面的消极影响。一方面，传统的信贷服务体系以为融资方提供资金为手段，如此虽可以为科技企业的创新活动提供必要的流动性支持，但风险较大；

另一方面，由于各类金融机构内部多规定有严格的风控标准，在传统信贷服务体系支持科技创新的过程中，很多科技企业的有形、无形资产无法为资金融出方所认同，难以提供足够的增信手段，其所获得的资金支持也相对较少。所以，在浙江省科技创新高速发展的今天，金融创新发展的滞后难以满足科技创新的需求。

3. 政府对科技金融支持力度仍显不足

在供给主导型科技金融发展模式下，政府在浙江科技金融发展的各个阶段都扮演着重要角色。但是从浙江科技金融发展现状来看，尽管浙江各级政府对科技金融的发展提供了诸多支持，但这种支持仍显薄弱，主要体现在两方面：一方面，如果缺乏良性的制度环境，即使金融资本家能够洞悉到金融需求带来的盈利机会，也会因为现实的制度障碍无法将潜在的利润变为现实，尽管省科技厅等多家单位颁布的《浙江省科技厅关于进一步促进科技与金融结合的若干意见》（简称《意见》）对浙江科技金融的发展提供了部分方向性指引，但《意见》的内容原则性较强，未对政府支持科技金融发展的措施做出详细规定，政策支持仍待完善；另一方面，科技金融的发展不仅需要完备的制度保障，稳定、持续的财政投入也十分重要。

4. 科技金融对生产力发展的推动作用未能有效发挥

"十三五"时期是依靠科技创新推动经济增长方式转变的重要阶段，在此过程中应当着重发挥科技与金融结合所产生的连带效应，以此促进经济的稳步增长。在此背景下，科技金融受到各地的广泛重视，其中尤以东部沿海诸省份最为突出，典型的如江苏南京制定的"1+8"系列文件所构建的以科技金融制度安排为创新所建立的多元化、多层次科技融资服务体系，对当地经济增长的速度及质量都发挥着积极作用。比较而言，尽管近年来浙江科技金融体系的构建取得了部分成果，但一方面，各级政府的工作重心未在实质上发生转变，传统思维的包袱依然沉重；另一方面，在传统产业及中小企业占有极大比重的浙江，相关科技金融制度及实践成果难以及时向生产力转化。科技金融对经济增长方式转变的促进作用未能有效发挥。所以，较之其他发达省份，科技金融对浙江经济发展的推动潜力仍然有待进一步发挥。

（四）安徽

1. 中介机构发展滞后

当前，安徽科技金融中介机构发展存在以下几个问题。

（1）定位不清晰

大多数中介机构是政府原有的事业单位，后来才逐步演变为中介机构，然而转变后的这些机构仍然带有强烈的政府色彩，如领导人有行政级别，多数项目来源于政府等，使得机构难以在市场中找准定位。

（2）服务水平不高

大多数中介机构没有建立起市场化的经营法则，缺少成熟的盈利模式，服务意识与手段难以跟上市场步伐，远不能满足日益增长的需求。

（3）人力资源发展滞后

失去事业编制使得中介机构对人才的吸引力有所下降，相对较低的待遇更是难以吸引复合型人才的加入，加上外部专家库支持制度的不健全，使得中介机构人才建设任重道远。

2.风险投资发展差距仍然较大

近几年，安徽省风险投资虽然发展速度较快，但总体规模仍较小，在机构数量与管理资本总量上都同沿海发达省市有较大差距，尤其是远远落后于邻居省份江苏。

3.科技与金融的结合尚未上升到制度层面

总体而言，安徽省科技金融仍处于政府推动下的被动发展阶段，相关管理办法和政策显得凌乱而分散，缺乏系统性，远没有将科技与金融的结合上升到制度层面，也没有从根本上规定金融对科技创新的支持，因而难以形成稳定、长久的发展机制。制度的缺失或不完善导致了政府的多头管理。科技金融管理涉及科技、金融、司法、发改委、财政和工商管理等多个部门，但目前部门间的权责不明、信息不畅，甚至相互推诿等问题还比较严重，管理部门虽多，但却难以找到能真正解决问题的部门，严重影响了金融资源的配置效率和科技创新效率。

三、长三角科技金融融合亟待提升的方面

（一）区域发展不平衡

2018年，长三角一体化发展上升为国家战略，长三角一体化发展自然也包括长三角科技金融一体化，然而当前长三角地区的科技金融融合发展存在显著的不平衡问题。具体来看，上海在科技创新和金融发展以及科技金融三方面均处于领先地位，但相比活跃的创新环境，金融资金略显不足，难以为该地的科技发展提供充分的金融支持；江苏和浙江的金融资源相对充足，创新水平却滞后于金融

发展，这抑制了两省科技金融的融合发展和协同创新；安徽的科技金融发展水平相对较弱，其在科技创新水平上的不足严重制约了科技金融的发展。三省一市发展的不均衡使长三角地区科技金融耦合协调处于较低水平，这让长三角科技金融一体化发展面临较大阻力。

（二）创新成果市场化程度不高

创新是科技金融发展的源动力，当前我国长三角的创新水平以及创新成果市场化程度仍处于较低水平。长三角虽然拥有充足的教育资源，但高校、科研院所与科技创新企业的合作不够紧密，导致科研成果缺乏应用场景与企业缺乏核心技术并存。

（三）科技创新企业融资渠道狭窄

基于科技创新的高风险性，完善的风险管理和分散体系在其中就变得尤为重要。中小型科技创新企业往往具有轻资产的特点，而长三角尚未建立起统一的科技创新评价标准，这使得科技创新企业的融资方式有限，中小科技企业难以通过商业银行等传统金融机构获取长期、稳定的信贷支持。

为解决科技创新企业融资难题，2019 年上海证券交易所正式推出专门服务优质科技创新企业的科创板，该版块为长三角的科技创新企业提供了新的直接融资渠道。但与美国的纳斯达克市场相比，科创板还存在一定的限制性，当前不健全的信息披露制度和退市机制使科技创新企业仍然难以快速获取股权融资。

（四）科技金融政策发展水平不均衡

长三角各个地区的科技金融政策发展水平差异较大，发展较为突出的主要集中于上海、苏州、杭州、南京、无锡和宁波这几个城市。上海作为国际金融中心，也是我国三大全国性金融中心之一，依托丰富的金融与技术资源，已具有辐射全国乃至全球金融市场的能力。江苏省省会南京市高度重视科技金融工作，积极打造具有全球影响力的创新名城，授牌 11 家科技银行，打造科技银行"投联贷""税e融""小微创业贷"等创新金融产品，被《金融时报》《新华日报》《上海市政府内参》等誉为"科技金融的南京样本"。浙江省宁波市积极响应"金融创新促进社会转型发展"的号召，宁波银行已经设立 4 家科技特色支行和 1 家科技专营支行，中国银行宁波市分行构建 14 个科技信贷"风险池"，实行政府贴息和政府、银行、保险风险分担，为科技企业解决融资难问题，科技金融发展位于浙江省前列。

长三角区域内科技金融政策水平整体较高，但是区域内城市之间的发展水平并不均衡，不仅省份之间的都市群科技金融发展水平有一定差距，在本省内各个城市科技金融政策发展水平与投入力度也不均衡。

（五）科技金融协同创新能力有待提高

科技创新企业自主创新能力的提升离不开金融系统的资金支持，金融机构自身竞争力的提升同样也离不开科技创新企业的技术支持，二者互相需要，基于利益驱动而自主形成的科技金融协同创新体系将极大地加强对经济增长的推动作用。

根据浙江省科技信息研究院、上海市科学学研究所、江苏省科技情报研究所和安徽省科技情报研究所共同发布的《2020长三角区域协同创新指数》，长三角区域协同创新总指数从2011年的100.00分（基期）增长至2019年的204.16分，在协同创新指数的资源共享、创新合作、成果共用、产业联动、环境支撑五项一级指标中，创新合作增速处于中等偏上水平，这表明长三角地区的科技金融协同创新体系尚未完全形成，科技与金融领域的协同创新需要继续加强。

（六）投融资双方信息不对称问题突出

科技和金融是完全不同的两个行业，当前投融资双方的信息不对称问题严重抑制了科技和金融的良性互动和深度融合。一方面，科技创新行业的专业性较强，金融系统的从业人员难以对其科研成果进行专业性的评估，使得科技创新企业很难在缺乏房产等有形抵押物的情况下获取金融机构的资金支持；另一方面，当前专注服务科技创新企业的金融产品较少，科技创新企业也很难在各类金融机构中迅速选出满足自身发展需求的金融产品。

（七）政府在科技金融发展中的支持力度不够

目前，我国已进入知识产权大国的行列，包括"严保护、大保护、快保护、同保护"在内的知识产权保护法治建设取得了一定成果。然而不容忽视的是，仍存在知识产权保护效果不尽如人意、知识产权转化运用效益不高等问题。

另外，由于科技研发具有期限长、风险高、投入高的特征，无论是政府引导还是自发形成的科技金融中心，其持续发展都离不开政府在财政资金上的支持。目前，长三角各地政府多采用政府引导基金的方式推动科技金融的发展，信贷支持方式单一，覆盖范围有限，使得政府实际引导作用不强。

四、长三角科技金融协同发展的重要效应

（一）科技创新效应

近年来，发达国家纷纷摒弃过度依赖虚拟经济支撑经济发展的方式，转而在科技创新的基础上培育新兴产业，引导金融资本从虚拟经济向实体经济转移，这正是因为看到了科技创新引领经济和产业发展的重要性。十九大提出，创新是引领发展的第一动力，是建设现代化经济体系的战略支撑。长三角地区作为我国经济最具有发展潜力的板块之一，应当积极构建良好的创新驱动体系，让科技创新成为长三角高质量一体化发展的关键驱动力。

（二）金融创新效应

科创企业生长于科技，成长于金融。科创企业发展壮大的背后，必然会有金融的支撑。而金融在服务和支持科创企业的过程中，也在不断面临新的挑战和机遇。当前国家层面全面发展普惠金融，创新金融产品、提高服务能力已成为金融机构转型和金融业发展的必然要求。

在这样的时代背景下：一方面，人工智能、大数据、物联网等金融科技手段不断创新，上海磁金融等机构应运而生；另一方面，银行等金融机构不断创新产品，提高服务效率，如南京银行开创"鑫智力"品牌，专门为"轻资产、高发展"的处于初创期和成长期的科创企业量身打造，缓解了科创企业因抵押物少而导致的融资难、担保难的困境。

（三）区域协同效应

长三角区域科技金融协同有利于提升区域资源配置效率，加快形成区域创新高地。上海、江苏、浙江、安徽拥有各自的集聚产业和优势，通过区域一体化可以打造科创产业链和创新链。产业链和创新链的形成和发展中需要科技金融联通三省一市，打破区域壁垒，为区域内科创企业提供全周期和全方位的支持，为产业发展和升级打造强劲引擎。

五、长三角科技金融融合发展的策略

（一）强化顶层设计

针对区域科技金融水平不均衡的问题，长三角应加强顶层设计，实现长三角科技金融一体化发展。

1. 完善长三角科技金融协同发展的顶层设计

强化区域联动发展离不开政府的政策支持，长三角各区域政府应注重提高公共服务水平，加强各地区在科技金融发展方面的交流沟通，鼓励科技金融各主体进行跨区、跨市、跨省合作，加快人才、技术和金融资源在长三角的流动，实现社会资源更好地配置，为科技金融的协同发展不断完善顶层设计、构建良好的政策环境。

其中，上海应充分利用其在科技创新、人才资源上的优势，在长三角科技金融融合发展和协同创新中发挥引领作用，向创新水平薄弱的地区提供人才支持和技术帮助，这不仅有助于缓解自身金融资源无法完全满足科技创新发展的问题，也有助于提高资源配置效率，有力推动长三角科技金融一体化发展。而对于科技金融发展较弱的安徽，应注重解决最关键的问题，加大对科技创新和创新成果转化的支持力度，在当地培育敢于探索、不惧失败的创新创业文化，改善对人才的激励政策和税收优惠，吸引更多科研人才汇聚安徽，以更好地满足当地金融资源对科技创新企业的投资需求，提高长三角科技金融的整体水平。

2. 搭建长三角科技金融协同服务平台

目前，上海、江苏、浙江、安徽都分别搭建科技金融服务平台，各平台均为所属地区的科技金融发展服务，这导致长三角地区信息、技术资源均处于割裂状态，不利于长三角科技金融一体化发展。因此，应搭建长三角科技金融服务平台，为长三角地区整合各类资源，切实提高资源的合理配置，促进地区间的协同发展。

（二）提高创新成果转化率

1. 完善人才激励政策

长三角应建立起以业绩和能力为标准的人才评价标准，提高对科技、金融人才的物质奖励和精神奖励，总结创新人才的经验，并对其加大宣传力度，从而进一步激励创新人才的研发积极性。同时，还应完善对创新人才的多种优惠政策，为长三角科技金融深度融合和协同发展引进更多科技金融人才，促进人才流动，提高长三角的科技金融创新水平。

2. 构建高校技术转移联盟

长三角地区科研院所应借鉴斯坦福技术许可办公室的成功经验，构建高校技术转移联盟，通过确立统一的技术评价标准，以技术许可的方式为高校师生提供技术转移服务，提高技术转移的成功率，鼓励更多高校师生主动参与到科技创新中。

3. 加强科研院所对科研人才的培育

教育资源丰富是长三角地区的优势，为进一步实现科技金融的融合发展、建立科技金融协同创新体系，长三角地区应更加充分地利用这一优势，加强科研院所对科技创新的知识补给作用。

一方面，长三角地区的高校和研究机构应积极与科技创新企业形成紧密的合作关系，将学校的优势学科转化成真正的生产力，促进更多知识就地产业化，切实提高科研成果的转化效率，在合作中实现产学研一体化发展。

另一方面，应学习斯坦福大学的经验，发展创业型大学，注重跨学科培养，为学生营造良好的实践环境。各个高校可以通过在其优势学科对应的产业园区附近建立分校的方式，降低师生的实践成本，在实践中培育学生的创新意识和创新精神，鼓励学生敢于冒险，积极探索创新创业，以持续为长三角的发展培育新的创新主体。

（三）拓宽企业的融资渠道

1. 建立多层次风险共担机制

科技创新企业融资困难的最根本原因是风险性大、收益极不稳定，为解决科技创新企业的融资难题，需要建立多层次的风险共担机制。第一，应引导长三角地区的保险公司加大对科技创新的支持力度，继续进行科技保险试点，利用有针对性的保险产品分担科技创新风险。第二，政府应建立针对中小型科技创新企业的信用担保机制，破除轻资产对科技创新企业融资能力的制约。第三，政府还要注重完善投资风险补偿机制，降低金融机构在投资中承担的风险，引导更多社会资金投入科技创新中，促进科技金融的融合发展。

2. 商业银行进行科技支行试点

长三角地区的商业银行应继续进行科技支行试点，借鉴硅谷银行的经验，建立科研人才团队，缓解信贷机构与科技创新企业的信息不对称，深入了解科技创新企业的需求，消除传统金融机构为科技创新企业提供信贷支持的门槛，并加强与创投机构的合作，为获得创投机构资金支持的中小型科技创新企业提供科技信贷，利用自身的资金优势加大对科技金融融合发展的支持力度。同时，应根据中小型科技创新企业的特点，引入知识产权质押贷款业务，重视科技创新企业无形资产的价值，解决科技创新企业初创期的资金约束问题。

3. 提高企业的直接融资能力

上交所推出的科创板注册制显著降低了中小科技创新企业股权融资的门槛，丰富了科技创新企业的筹资选项。为了切实发挥好对科技创新的推动作用，弥补资本市场服务科技创新上的不足，科创板应继续完善交易制度、信息披露制度和退市制度，提高资源配置效率，为有发展前景的科技创新企业提供长期的、稳定的资金支持，促进创新驱动发展战略的落实。

同时，上交所应继续在长三角各城市建立科创板企业培育中心，帮助企业解决其在上市和发展过程中存在的问题，推动更多科技创新企业在科创板上市，以更好地发挥科创板对科技创新的支持作用。

（四）健全政府协同支持体系

1. 完善科技金融相关法律体系

政府应更加注重知识产权保护，不断完善对知识产权等无形资产的法律保护，为科技金融的发展营造健康的法律环境，同时也督促科技创新行业从业人员严格约束自己的行为，减少伪创新行为的发生。

2. 加大财政投入力度，提高财政投入精准度

基于科技创新的高风险性，科技的发展和科技金融的深度融合均离不开政府的财政支持，应进一步加强财政在该领域的投入，引导更多社会资本流向科技金融，解决长三角科技创新企业的融资难题。

同时，除了提高财政支持的力度外，还应注意提高财政支持的精准度，根据各地科技金融发展情况，选择合适的财政扶持方式，运用市场化方式着重支持处于初创期且有发展前景的科技创新企业，避免这类企业由于资金短缺而难以实现创新成果的转化，也可以有效避免财政资源的浪费。

（五）完善科技金融协同创新体系

1. 构建合作与竞争并存的创新集群

构建由科研院所、科技创新企业、科技金融服务中介机构等共同组成的创新集群有助于长三角地区建立完善的科技金融协同创新体系。在创新集群中，处于成熟期的大型科技创新企业应将主要研发精力和资源放在核心技术上，并主动与配套的中小型科技创新企业建立长期的合作关系，加强企业间协作和交流，这既有利于大型科技创新企业保持自身的科研优势，也能促使中小型科技创新企业迅速发展出自身的技术优势，提高科技资源配置效率和融资能力，在合作中实现更

好的创新和发展。相同类型的中小型科技创新企业也应当加强在采购、技术研发、筹集资金等方面的合作，形成规模优势，节约运营和筹资成本，并在与同类企业的合作与竞争中激发创新动力，实现协同创新。

2. 利用"股权+债权"，形成利益共同体

硅谷银行的"股权+债权"业务模式，一方面使其在对科技企业扶持中获取更多利息收入和投资收益，另一方面也有助于加强对融资企业的了解，降低投资风险。长三角地区的金融机构应借鉴这一业务模式，加强与创投机构的合作，共同构建由商业银行提供长期科技信贷、创投机构进行股权投资的投贷联动机制，减少金融机构与科技创新企业的信息不对称，加强双方的沟通和交流，使二者基于共同的利益建立稳定的协同创新体系。

第二节 京津冀科技金融发展

一、北京市科技金融的发展

（一）北京市高科技行业发展概况

近年来，科技创新对于经济发展作用的不断显现，使得政府及社会各界都加大了对于高科技行业发展的重视和支持。随着产业结构调整的不断进行，高科技行业在北京各产业中的地位越发重要，并已成为拉动经济增长的最主要动力之一。

值得一提的是，北京市高科技行业企业的发展壮大，得益于北京市强大的教育资源。北京大学、清华大学等一大批高等院校及科研机构，为北京市高科技行业提供了大量的科技成果及人才储备。同时，北京市政府也采取各种方式，保障教育部门和科技部门之间联系的畅通。一方面，通过制定政策、降低门槛、提供奖励等方式鼓励支持科技人才进行自主创业，另一方面努力为科技成果从实验室向市场转化营造良好的环境。众多科技型企业不断追求创新的内在动力，以及来自政府和教育部门的外部支持，共同推动了北京市高科技行业的快速发展。

（二）北京市金融行业发展概况

北京作为我国的首都，肩负着我国政治、经济、文化中心的角色。受益于此，北京市独特的资源优势为其金融行业发展提供了良好的基础。北京市金融行业发展水平在全国居于前列，其优势主要体现在以下几个方面。

1.北京市金融行业结构完善

北京市集聚了大量金融机构,金融机构种类和数量在全国都处于领先地位。商业银行方面,以中国工商银行、中国民生银行、中国进出口银行、北京银行、北京农商银行为代表的各类商业银行均将总部设立在北京。此外,招商银行、南京银行、渣打银行等虽然将总部设立在其他省市或国家的商业银行,但也在北京设立了分支机构,北京市已形成了完整的商业银行体系。与此同时,北京市还集中了一大批以保险公司、证券公司、信托公司等为代表的非银行金融机构。这些机构在职能上和商业银行形成互补,彼此相互竞争合作,在提升北京市金融行业活力的同时,为居民及企业客户提供了更为全面的服务。

除此之外,北京市还设立了中国证券登记结算有限公司、外汇资金结算中心、全国中小企业股份转让系统有限责任公司等金融中介服务机构,以及中国人民银行、中国银行保险监督管理委员会等金融政策监管机构。这些机构与经营性金融机构一起,共同构建了以"金融经营主体—金融服务中介—金融监管部门"为框架的北京市金融行业体系。

2.北京市金融产出水平高

北京市产业结构以第三产业为主,其中,金融业在第三产业中占主导地位。金融行业不仅通过其自身经营活动的进行,直接拉动北京市经济增长,还能够通过为其他行业提供投融资等各类服务的方式,助力其生产经营规模和能力的全面提升,间接地为北京市 GDP 增长做出贡献。

北京市金融行业产出水平,得益于其庞大的金融规模基础。北京市金融机构资产及存贷款规模数据,反映了北京市金融行业活动的活跃程度。各类金融机构为居民及企业提供金融服务,通过促进居民消费以及企业生产经营活动的进行,在拉动各相关行业发展的同时,也实现了自身规模和实力的提升。

(三)北京市科技金融发展概况

依托于科技、教育、金融等方面的综合优势,以及产业协同发展的政策支持,北京市科技金融发展在全国范围内处于领先水平。以中关村为代表的高新技术园区,聚集了一大批高科技企业。其中既包括百度、新浪、联想等互联网、计算机领域的知名企业,也包括了一大批从院校及科研机构中衍生出的创业企业。前者在其发展过程中,充分借助了金融行业融资职能,满足了企业发展壮大所必需的资金需求。百度等企业甚至通过纳斯达克等海外资本市场进行融资,从而体现出了科技与金融结合方式的多样性和高效性。而创业企业则凭借其所掌握的科技成果,在享受政府政策层面对于创业企业的扶植的同时,还吸引来自 VC(风险投资)、PE(股权投资)等社会资本的融资支持。而随着企业发展的不断深入,银行信贷、资本市场融资等多种渠道的金融服务,也能够确保真正具备竞争力和生命力的创业企业不断壮大。

二、天津市科技金融的发展

(一)天津市高科技行业发展概况

天津作为北方重要的工业城市,在高科技行业发展方面具备良好的基础。早在 1988 年,天津就创建了天津新技术产业园区,以吸纳高科技企业和科技人才来促进高科技行业发展。2006 年,国务院批准天津滨海新区成为全国综合配套改革试验区,并对天津滨海新区高科技行业创新发展提出了要求。

《国务院关于推进天津滨海新区开发开放有关问题的意见》中明确提出,推进天津滨海新区开发开放的主要任务之一,就是"走新型工业化道路,把增强自主创新能力作为中心环节,进一步完善研发转化体系,提升整体技术水平和综合竞争力"。功能定位方面,滨海新区发展重点放在先进的研究开发与技术孵化器、一流的现代制造业、国际运输和物流业、金融改革创新等领域,并最终在以上四个方面成为我国北方乃至全国的中心。高科技行业已成为天津未来发展的重点之一。

近年来,在国家及地方政策支持下,天津市高科技行业在以下几个方面取得了突出的成绩。

1. 创新能力快速提升

依托于南开大学、天津大学等一系列高等院校以及各类高科技企业的努力,近年来天津市自主创新能力得到了较大的提升。

2. 科技实验基地不断增加

天津市科技实验基地主要依托于南开大学、天津大学等高等院校、专业研究机构以及具备自主创新能力企业的研发部门。众多技术试验基地为天津市的高科技研发活动提供了良好的环境,并通过成果转化机制,便利了科技型企业产品的技术升级,为其未来发展提供了良好的基础。与此同时,天津市还通过完善科技孵化器、技术专利交易市场等机构,促进了科技资源共享。

3.高科技行业企业规模不断扩大

天津市高新技术企业规模超过1000家，这为高科技产业的发展提供了基础。此外，天津始终重视对于科技型中小企业的培养，通过实施科技型"小巨人"成长计划，选拔出一批具有发展潜力的中小企业进行重点培养，并进行积极宣传推广。这些科技型中小企业在推动天津经济发展的同时，还承担了众多重大科技成果转化和产业化任务，并获得了一系列具有自主知识产权的关键技术和核心技术成果。

为了更好地扶持高科技行业企业发展，天津通过创建各类产业园区，为科技型企业搭建发展平台，同时促进科技产业集聚的形成。滨海新区八大功能区之一，便是天津滨海高新技术产业开发区（即原天津新技术产业园区），其功能定位为服务科技型企业，促进加速天津市产业结构调整升级以及科技与经济的互联融合。随着高新区建设的不断进行，目前天津辖区范围内已形成轨道交通、航空航天、新能源等多个产业集群。

4.高水平科技人才培养成效显著

天津积极引进国内外高水平专业人才，并借助南开大学、天津大学等自有高等院校及科研院所，培育本地科技人才。高水平科技人才规模的不断扩大，不仅促进了天津市各高等院校教育水平的提升，而且还从原点带动了天津市科技创新的进行。与此同时，各科技型企业也重视企业研发人员的培养。丰富的人才储备为天津市高科技行业企业发展提供了有利条件。

5.科技服务体系平台建设进展迅速

为相应国家建设科技服务体系的号召，天津市于2012年开始，在高新区范围内着手就科技体系建设进行尝试。天津市科学技术委员会投入大量财力物力，同时引导社会资本，共同积极推进各类科技创新服务平台的建设。企业技术中心、重点实验室等一大批科技创新服务机构的落成，以及产学研合作项目的开展，极大地支持了天津科技型企业创新发展，体系平台效果逐渐显现。

此外，作为滨海新区发展的重要举措，天津还根据地方优势产业和未来发展规划，围绕生物医药、超级计算机等重点发展行业，建设了一批专业创新平台和研发转化基地，同时通过引进行业领先的跨国公司及优秀海归人才，提升了国内外科技资源的集聚程度。

（二）天津市金融行业发展概况

1. 投融资主体不断丰富

除传统的银行体系投融资主体外，天津市投资基金业发展迅速，同时，融资租赁行业迅速发展。截止到 2021 年 12 月，天津市融资租赁合同余额就超过 2 万亿元，占全国总量的三分之一。融资租赁业也成为天津金融业的亮点，在拓展融资渠道，降低企业固定资产投资成本，推进金融服务创新等方面起到了积极的作用。

2. 金融机构类型日益全面

渤海银行、天津银行等总部设立在天津的金融机构，不断加快全国范围内分支机构布局的步伐。同时，天津市也积极吸纳外地金融机构，以一德期货、中国民生银行贸易融资部和投资银行部为代表的众多金融机构或部门纷纷入驻天津，以享受滨海新区开发开放带来的良好环境和政策福利。

除此之外，渣打银行、花旗银行、汇丰银行等外资银行也先后在天津设立分行和后台营运中心，丰富了天津市商业银行体系的层次。加之渤海证券、天津信托、北方信托等总部设立在天津的非银行金融机构，天津市金融机构体系已基本完善，各类机构通过提供不同类型的金融服务，为天津经济规模水平的提升和本地企业的发展提供了有力的支持。

3. 金融基础设施渐趋完备

良好的金融基础设施是金融业发展的必要保障。天津市现代化支付清算体系日趋完善，建立起了全国统一联网的企业和个人信用信息基础数据库，并在非银行信息采集、企业信用评级以及滨海新区信用体系建设试点等方面取得了重要进展。金融分业监管框架初步形成，金融监管机构与地方有关部门加强工作联系，建立了金融稳定工作协调机制和反洗钱工作协调机制。政府部门、金融监管部门、金融机构共同搭建平台，进一步畅通了宏观政策传导渠道，贯彻金融政策的有效性进一步增强。

4. 金融资本要素市场建设成果卓然

天津市充分利用滨海新区的政策优势，建立了天津股权交易所、渤海商品交易所、天津滨海柜台交易所等地方性金融资本要素市场。不仅丰富了天津市的金融主体，而且还在调整金融结构、优化资本要素配置等方面起到了积极的作用。

（三）天津市科技金融发展概况

1. 构建创业投资基金体系

目前，天津在全国股权投资基金领域取得领先地位，各类基金所投资的高技术产业化项目超过 20 个。与此同时，天津还设立了专门投资高科技知识产权的科技成果转化引导专项基金，借助社会资本的力量，促进科技创新、成果转化以及产业升级发展。此外，天津还在大力发展天使投资基金，在政策倡导下，先后成立了天津滨海天使创业投资基金、科创天使投资公司，在带动社会资本投入科技创新事业方面获得了良好的效果。

2. 积极发展场外交易市场

依托于滨海新区的政策优势，天津股权交易所、天津滨海柜台交易所等 OTC 市场（场外交易市场）在企业融资、市场结构、交易制度等方面进行了一系列的创新。同时，场外交易市场围绕股权私募融资模式进行积极创新，帮助企业实现股权直接融资，以满足其对于短期低成本资金的迫切需求。

3. 积极搭建创新型科技贷款平台

（1）各金融机构加大对科技型企业融资支持

天津市各金融机构按照政府要求，为科技创新提供更优质全面的金融服务，将支持科技型企业科技创新列为信贷工作的重点，并列入考核评估的范畴。除此之外，天津市部分商业银行还专门建立了中小企业专营机构，针对中小企业客户融资需求的具体特点，通过改变业务流程等方式，有效提高了科技金融服务的质量和效率。

（2）开展多种形式的科技贷款业务

天津市政府与商业银行及保险公司等金融机构进行合作，搭建科技贷款及保险专项服务平台，为资质良好的无抵押、无担保科技创新项目及企业提供贷款和保险服务。同时，各商业银行还加强了对企业科技创新活动的金融服务，将信贷工作的重心转移到支持科技企业自主创新上，完善专利权质押融资手段，促使无形资产转化为企业的有形资产。除传统形式的科技信贷外，打包贷款工作得到了快速发展。

此外，天津市还发挥融资租赁这一本市金融业特殊优势，为处于创业初期的科技型企业提供办公经营及研发生产设施的租赁服务，所需成本较企业自行购置大幅下降，为促进企业的发展壮大起到了重要的作用。

4.政府重视对科技金融的支持和引导

（1）财政资金在科技创新方面的投入不断增加

建设创新型城市是天津市发展目标之一，为实现这一目标，天津市不断加大财政资金在科技创新方面的投入，并出台一系列政策作为辅助。在政府引导下，企业也逐渐意识到科技创新的重要性。公共财政支出及企业科研经费等科技资金投入的不断增加，显示了天津从政府到行业自上而下对于科技创新活动的重视以及坚持创新发展的决心。

（2）企业发展相关政策效果明显

企业资金筹集活动主要是通过商业银行贷款及资本市场融资两种方式进行。天津市除了加强对于商业银行科技信贷的引导，还通过出台政策，支持、鼓励企业上市融资，以避免单一融资渠道对企业发展带来的可能约束。相关政策包括《关于进一步支持我市企业上市融资加快发展的意见》《关于加快科技型中小企业发展的若干意见》《天津市科技小巨人成长计划》等。

（四）天津市科技金融服务体系存在的不足

1.缺乏整体安排与系统规划

科技金融服务体系具有主体复杂、利益分配多样的特点，在推动科技金融服务工作中，天津市还缺乏对科技金融服务体系的整体部署。在科技与金融互动融合中应处理好利益关系，统筹联动机制，通过发挥政府有关部门的协同机制作用与效应，引导天津市大量社会资本投入高新技术产业的体制机制还有待发展。例如，初创企业融资难等问题并未获得很好解决，风险资金对于扩展期和成熟期的企业往往有所偏好，关注初创期和成长期的企业不够。为此，通过科技金融服务体系的系统设计，使得不同发展阶段的企业拥有多层次的、畅通的融资渠道是建设天津市科技金融服务体系下一步的重点工作。

2.政府服务性职能尚需加强

政府依旧是创业投资市场的主体，实行的是直接干预的政策，科技与经济的结合更多地体现的是一种政府行为。主要表现在投资主体错位、政策法规缺失和滞后、服务功能瓶颈三方面，根源的问题在于政府对科技型企业的了解程度不够，无法针对科技型企业融资问题迅速采取相应的措施，从而不利于科技型企业更快更好地发展。

天津市政府对科技型企业的投入重视程度远远大于对这些企业产出的重视程

度，有限的科研经费被浪费且使用效率低下的现象也时有发生。例如，一些科研项目无法收回投资成本，有关用户申报并获得高级别的奖励，再加上相关部门监管不力，最终导致资源的浪费。

3. 金融机构支持科技创新存在不足

（1）金融机构对科技创新活动贷款占金融机构贷款的比例一直较低

近年来，天津市金融机构贷款总额一直处于快速增长的势头。相比企业自筹资金与政府投入资金，金融机构贷款对科技创新的支持作用较差，出现这种形象的主要原因是长期以来金融机构偏好于生产经营性贷款，此类贷款通常以有形资产作为抵押，风险较小，便于监督和管理，而科技创新周期长、风险大，在我国产权市场及利用无形资产做抵押的体制尚不完善的情况下，金融机构虽然能够对科技创新企业发放贷款，但从风险控制的角度，并不愿将资金投入科技创新的研发领域。

（2）缺乏金融机构满足科技成果转化环节融资需求的引导

科技创新具有高风险、高收益、需要政府资金给予支持的特点。科技成果产业化环节与之比较，具有盈利能力较强、风险较小、通常较易获得金融资本支持的特点。科技创新、成果转化环节需要由政府引导金融资本的支持。天津市政府对金融机构进入科技成果转化环节引导基金设立的规模和范围有待扩大。

此外，还应继续探索并完善科技担保、科技保险、商业银行与创业投资风险结合、统贷统还等模式。对金融机构进入科技成果转化环节，政府还应进一步发挥引导和补充的作用。

4. 金融产品与科技型中小企业融资需求存在缺口

首先，缺乏根据科技型中小企业的特点，量身定做的创新型金融产品。其次，科技金融产品创新实际效应小于示范效应。知识产权抵押贷款为天津市高新技术企业扩宽了融资渠道，但这些金融产品示范效应大于实际效应，短期内从根本上改变科技型企业融资难的总体状况非常困难。此外，抵押、质押贷款还需进一步创新体制。部分银行只接受流通股权质押，且贷款额度不超过企业净资产的80％。另外，科技型中小企业若进口核心设备，在设备获得关税减免的同时，需由海关监管5年，在此期间这些设备无法进行抵押。

5. 科技金融支撑服务体系的规范化程度尚需加强

（1）评级机制尚待完善

评级机构对科技型企业的融资效应起到了关键作用。由于科技型企业具有小而多的特点，银行在进行信贷的过程中无法确切地了解到融资企业的具体运营状况，特别是信誉问题，但如果评级机构介入其中，可以在一定程度上消除科技型企业融资障碍。

目前，天津市评级机构发展迅速，无论是联合信用评级有限公司还是大公国际资信评估有限公司都通过不同方式在天津立足扎根，打下了坚实基础，但天津市信用制度建设仍处在起步阶段，其公信力不强，缺乏制度性安排，市场需求有限。

（2）担保机制尚未充分发挥作用

专门针对科技型中小企业的担保机构数量不多，市场供需的失衡使得有效竞争不易形成，价值评估机构专业水平不足。价值评估机构的常规评估方法很难与银行达成风险共识，而对于在国外获得的专利权利，评估程序更为复杂。

三、河北省科技金融的发展

（一）河北省高科技行业发展概况

河北省产业结构以第二产业为支柱，金融业、高科技产业在内的第三产业发展程度和北京、天津比较，相对较低。

受传统产业结构模式所限，河北省高科技行业发展基础较为薄弱，但随着高科技产业对经济发展促进拉动作用的逐渐增强以及科技创新理念的普及，河北省高科技行业发展得到了政府及社会等各方面的关注和支持。同时，受益于京津冀协同发展契机，河北省应将高科技产业作为未来阶段发展的重点，并通过与北京、天津进行合作，以尽快提升产业规模和水平。

河北省高科技产业发展依托于各地高新技术园区的不断建设。目前，河北省共有省级以上高新区18家，其中包括石家庄、保定、唐山、燕郊、承德五个国家级高新区。高新区通过政策支持等优势，吸引高科技企业的入驻，不仅能够通过产业集聚形成人才、技术、资源等方面的规模效应，从而提升企业的研发生产活动的效率，而且能够发挥高科技行业的辐射效应，带动区域经济的整体发展。

而企业层面，河北省共认定高新技术企业1069家，其中包括上市企业32家。高新技术企业主要集中在石家庄、保定、唐山、廊坊等省内经济相对发达的城市地区，并围绕高新区进行聚集。随着政府政策支持的不断加码，河北省高新技术企业数量不断增长，企业规模也逐渐扩大。目前，河北省收入过亿的高新技术企业已超过 250 家。

除此之外，河北省还出台了一系列支持高科技行业企业发展的政策文件，内容涵盖科技型中小企业发展、支持科技人才创业、促进高校及科研院所科技成果转化等方面，以解决阻碍高科技企业发展的难题。河北省高科技行业及高新技术企业的不断发展，在拉动社会投资和贡献税收的同时，还对河北省产业结构调整和经济发展的优化升级产生了积极影响。

（二）河北省金融行业发展概况

河北省金融行业以商业银行为主导，保险、证券等非银行金融机构规模占比相对较低。这就决定了融资渠道方面，以银行主导的间接融资为主，资本市场股权融资等直接融资方式存在较大的发展空间。

商业银行方面，"工农中建"四大国有大型商业银行占重要地位，在为居民及企业提供融资服务方面起到了重要的作用。而随着我国银行业改革发展的不断进行，河北省城市商业银行和农村商业银行也得到了快速发展。现阶段，河北省共有河北银行、唐山市商业银行、沧州银行、保定市商业银行等城市商业银行 11 家，唐山农村商业银行、沧州融信农村商业银行等农村商业银行 5 家。城市商业银行和农村商业银行大多由原先的城市信用社和农村信用社转型而来，较之国有大型商业银行，这些银行立足于地方，凭借对于本地区情况的了解，以及地方政府的支持，能够为企业提供更加全民特色的服务，并和国有大型商业银行形成业务及客户对象方面的互补。

除此之外，招商银行、浦东发展银行、中信银行等全国股份制商业银行也不断在河北省进行布局，东亚银行石家庄分行、汇丰银行唐山分行的设立，也弥补了河北省原先外资银行空缺的不足。

现如今，河北省已形成了国有商业银行、全国股份制商业银行、城市商业银行、农村商业银行的全面的商业银行体系。不同类型商业银行基于不同的发展定位选择，以及各自业务优势的发挥，为居民及企业提供全面多样的投融资服务，从而间接促进了河北省的经济发展。商业银行存贷款余额的快速增长，凸显了其对于实体经济发展的重要意义。

而非银行金融机构方面，河北省现有证券公司 1 家（财达证券）、期货公司 1 家（恒银期货）、信托公司 1 家（渤海信托）、金融租赁公司 1 家（河北金融租赁），以及河北钢铁财务、开滦财务等 6 家财务公司。证券公司等非银行金融机构能够提供企业上市、债券发行、资产管理等区别于商业银行业务的金融服务。企业通过上市进行直接融资，能够扩大资本规模，提升企业市场竞争力，为企业长期持续发展带来积极影响。

现阶段，河北省各类型非银行金融机构已基本配置齐全，但相比北京、天津，规模水平相对较低，业务类型相对单一。同时受北京、天津同类型机构竞争影响，河北省非银行金融机构发展存在一定的约束。河北省以商业银行为主的金融体系结构短时间内难以改变。

（三）河北省科技金融发展概况

受制于产业结构和金融体系结构特点，河北省科技金融活动在供需两个方面都存在一定的先天不足。需求角度，由于河北省产业结构当中，以钢铁、煤炭为代表的第二产业占比较高，高科技产业规模相对较小，加之河北省教育产业基础相对薄弱，高等院校及科研院所数量较少，人才和科研成果的短缺造成了河北省高科技产业发展水平相对较低，且短时间内难以实现快速突破。规模和水平的落后，导致了科技型企业对于科技金融服务的需求乏力。供给角度，由于河北省金融体系结构以商业银行为主导，银行贷款成为科技型企业融资的主要方式。通过之前对于不同阶段科技型企业科技金融服务需求的分析可知，由于科技型企业自身所存在的高风险轻资产特征，各商业银行在提供科技金融贷款时，更偏向于为处于成长期和成熟期的企业提供贷款，且贷款条件相对严格。这就极大地限制了种子期、初创期科技型中小企业的技术研发及成果转化等活动的正常进行，同时也无法满足成长期、成熟期企业提高生产能力及拓宽市场的资金需求。因此，金融体系结构失衡带来的对商业银行贷款的依赖，以及风险投资、资本市场等直接融资渠道的不足，极大地阻碍了高科技行业的发展，对河北省高科技企业数量规模的扩大以及质量水平的提升都有着不利的影响。

但近年来，河北省政府加大了对于科技金融的重视和投入。一方面通过政策、补贴等方式直接支持高科技行业企业的发展，另一方面积极引导和带动其他社会部门共同助力其发展，现已取得了一定成果。

除了拓宽科技型企业融资渠道之外，河北省还设立了新型科技金融专营机构，以提供创新科技金融服务。河北省先后设立了融资租赁公司和信用担保专门机构，为科技型中小企业提供研发生产所需的设备租赁服务以及为企业进行增信和融资担保。与此同时，河北省还通过建设打造科技孵化器和创新创业合作平台，积极推动科技成果从高校及科研院所向市场进行转化，并通过提供创业资金、减免税费等方式，鼓励科技人才进行自主创业。

四、京津冀科技金融融合发展的对策

由于科技创新项目的高风险性、科技金融的复杂性以及京津冀的区域性，针对科技创新与科技金融协同发展的对策建议必然是立体式的，涉及宏观、中观以及微观等多个层面。

具体而言，宏观层面以顶层设计为指导，促进京津冀政策协同和平台建设；中观层面以产业协同为目标，构建基于科技创新的产业化协作机制；微观层面以风险管理为重点，实现科技创新—科技金融系统稳健发展。

（一）宏观层面

京津冀区域科技创新与科技金融协同发展离不开三地政府的顶层设计，而顶层设计的核心在于政策协同和平台建设。在协同发展的背景下，京津冀三地政府应该统一制定发展规划，推动京津冀科技金融政策对接。同时，为了充分发挥政府的宏观指导作用，应该建立京津冀科技金融协调管理委员会。此外，由于信息不对称严重影响了科技创新项目的开展，京津冀区域信用保证体系的建设和信息披露平台的搭建亦刻不容缓。

1. 科技金融政策协同引领

继续大力落实京津冀协同发展战略，增强协同发展意识，打破行政障碍，促进科技金融要素在区域内的整合和充分流动；加强地区之间科技金融的沟通联系与合作的强度，推动三地科技金融政策的对接，力求在科技金融政策的制定上重视协同发展，改善各自为政的局面。

2. 建立京津冀科技金融服务平台

以京津冀区域经济协调发展为目标，建立京津冀科技金融服务平台，以实施协调发展为首要任务，贯彻国家区域发展政策；明确三地的分工与合作，进一步推动京津冀科技创新以及成果的转化，以推动科技与金融的融合。服务平台应以三地政府掌握的科技成果信息，以大批高科技公司和大批的银行、投资公司、风险投资公司等相关金融机构为基础，建立数据库。该数据库应包括科技成果信息、投融资信息以及成果转化公示信息，为科技企业与金融机构之间对接提供帮助。科技金融服务平台并不会为企业提供直接融资服务，而是对于高科技企业融资提供一条龙服务，包括对接信息、科技成果转化评估、企业信用评价、投资咨询等相关服务工作。另外，应加强区域内的协同金融监管，避免金融风险的形成。要注重信息交流、资源共享，共同打造协同监管的模式。

3. 推进京津冀区域信用保证体系建设

众所周知，创新与风险往往如影相随，科技创新活动日益活跃，亦不断彰显出风险的逐渐累积，推进信用保证体系建设已刻不容缓。同时，完善的信用保证体系可以有效地减少信息不对称，提高融资效率，降低融资成本，有效促进科技创新活动的开展。基于此，京津冀三地政府应统筹相关部门，联手打造京津冀征信平台，推进京津冀区域信用保证体系建设，进而为科技创新项目融资提供便利。

具体而言，京津冀三地可以采取以下措施：其一，建立并完善京津冀科技金融与科技创新相关数据信息的平台建设，制定统一的标准核算指标，整合资源编制跨区域的统计监测框架计划，搭建京津冀三地信用联动、信息共享的征信体系；其二，京津冀三地政府可以联合设立京津冀信用保证协会的政策担保公司，为需要融资的科技型中小企业提供信用担保，同时三地各自成立相应的再担保公司，为上述的政策担保公司提供再担保，提高担保机构抵御风险的能力，从而带动商业银行发放贷款的积极性；其三，京津冀三地政府可以联合区域内金融机构和大型企业设立京津冀区域信用担保专项基金，专门用于培育京津冀区域的科技型中小企业，进一步便利科技型中小企业的融资。

4. 建立京津冀科技金融协调管理委员会

针对京津冀区域科技创新与科技金融协同发展程度不高以及三地科技创新、科技金融发展存在梯度差异的现实情况，建议将科技部作为牵头单位成立"京津冀科技金融协调管理委员会"，以充分发挥政府的宏观指导作用。

具体而言，该委员会的成员单位既要有科技金融主体，比如公共科技金融主体应包含京津冀三地的发改委、省财政厅、省科技厅、中国人民银行天津分行、银监局等政府机关或参公单位，市场科技金融主体应包括各大国有银行、股份制银行、产业投资基金、风险投资机构、天使投资者等，同时也要有科技创新主体，包括各高校、科研院所、高技术产业行业协会、产业战略联盟以及科技型中小企业等团体或单位。

为充分有效地发挥该委员会的宏观指导作用，确保相关政策能够及时有效的实施，京津冀科技金融协调管理委员会在具体的实践工作中应当遵循权威性、主体性、规范性以及科学性等原则。

5. 搭建信息披露平台和完善信息披露制度

完善的信息披露制度和平台，是京津冀区域科技创新与科技金融协同发展的重要前提条件。同时，搭建信息披露平台，提高科技金融与科技创新项目信息的透明度，满足科技创新—科技金融系统参与主体决策需要，对于促进京津冀区域科技创新与科技金融协同发展具有重要意义。

具体而言，搭建京津冀信息披露平台应至少做到以下几点：其一，三省（直辖市）发改委、科技厅和财政厅要分别及时发布年度科技规划、科技项目信息（含项目立项、研究进展、绩效考核）、国际合作计划、税收优惠政策、科技政策等各类决策信息；其二，高校及相关的科研院所要定期发布科技项目立项情况、科技人才团队培养和引进情况、重点实验室研究成果等信息；其三，以商业银行为首的金融机构要充分披露科技创新项目融资优惠条件、项目融资规模和限制条件等信息。此外，风险投资机构以及科技保险机构等单位也要及时对投资项目进展、投资收益等信息进行披露，方便各类参与主体了解行业动态。

6. 构建京津冀区域科技金融协调统筹机制

京津冀三地要想实现科技金融合作，就必须要改变过去三地政府之间各自为政、以地界来划分资源的现状，要建立区域内科技金融协调统筹机制，统筹科技金融资源的利用。

北京市是科技创新资源聚集地，应以北京市为龙头构建具有世界高水平的京津冀协同创新集群，以研发转化为先导，大力发展先进制造业和战略性新兴产业，推动创新成果最大限度在天津市、河北省孵化并产业化，形成研发转化产品高端制造产业链条，形成京津冀"科技创新一体化"。三地应以区域内协调发展为目标，做好顶层设计，共同制定京津冀区域科技金融协调发展规划，并作为京津冀科技金融协同发展的框架，构建可行的工作协调机制；成立三地协调工作小组，统筹三地科技与金融资源，消除协同发展的障碍。

（二）中观层面

培育科技型企业做大做强，要以产业协同为目标，构建基于科技创新的产业化协作机制。具体而言，一方面要加快破除京津冀"合而不一"的制度藩篱，促进金融要素区域内自由流动；另一方面要立足京津冀三地的功能地位，加强科技创新成果的转化。

1. 促进金融要素区域内自由流动

北京、天津和河北三地的金融要素资源存在严重的失衡现象。现阶段，北京作为我国的首都和金融中心，金融要素资源集聚，无论从规模上衡量还是就创新性而言，毫无疑问都处于绝对领先的地位，反观天津、河北两地，特别是河北地区，金融业发展较为落后，显然不能满足该地区日益发展的科技创新事业的需要。同时，金融要素资源相对科技要素资源而言，受空间地理因素的影响较小，可以自由流动，特别是京津冀协同发展背景下未来的交通一体化，使得京津冀三地科技要素资源和金融要素资源的跨区域结合成为可能。所以，破除京津冀"合而不一"的制度藩篱，促进金融要素区域内自由流动，既符合京津冀区域科技金融迫切发展的内在要求，同时又贴近京津冀区域发展的现实情况，兼具理论性和可操作性。

具体而言，京津冀三地政府应联合出台相关优惠措施鼓励各类金融机构，特别是商业银行，积极开展针对科技型中小企业的服务创新活动，拓展综合服务边界。此外，河北的金融机构应当全力把握住京津冀协同发展带来的历史性机遇，立足自身优势，加强产品和业务创新，力求缩短与京津两地的差距。

2. 加强科技创新成果转化分工合作

将北京科技创新能力优势、天津科技成果转化能力优势与河北技术承接潜力充分融合，继续发挥京津冀科技成果转化基金的撬动杠杆作用，推动中关村示范区、亦庄开发区与津冀合作共建大数据走廊、保定中关村创新中心等科技园区建设，加快打造跨京津冀科技创新园区链，促进三地创新链、产业链、资金链、政策链、服务链深度融合。

（三）微观层面

基于科技金融自身特性的考量，科技金融风险管控的重点应放在微观层面，即科技金融主体（商业银行和保险机构）和科技型企业。

1. 商业银行要提升应对科技金融风险能力

事实上，商业银行作为科技金融机构的主体，在响应国家号召，支持科技创新项目的同时，应该依托自身的风险管理优势，加强科技信贷风险管控，防范科技金融风险。

具体而言，京津冀区域的商业银行可以采取以下措施。

第一，设立专门的科技支行，分散金融风险。在信贷规模、贷款定价、审批流程及风险容忍度方面，科技支行要给予企业相应的政策倾斜。同时，为了充分发挥科技支行对科技创新项目的融资支持和风险分担作用，科技支行要出台相应的绩效考核措施，激励从业人员尽职尽责。

第二，优化抵押、质押的贷款模式，提升风险缓释能力。商业银行传统的贷款模式下主要以固定资产作为抵押、质押的标的物，并依据标的物的价值评估科技信贷的额度。发展至今，商业银行传统的信贷模式受到利率市场化、金融脱媒化、互联网金融等多方面的挑战。在此背景下，商业银行应该在科技创新企业提供组合担保的前提下，积极开展知识产权质押、股权质押及应收账款融资等业务。

第三，加强产品创新，提升对科技金融风险容忍度。商业银行要依据科技创新企业"轻资产"的特征，加强创新产品研发，积极探索业务新模式，比如"信贷＋创投"的融资模式，在引入创投机构分散风险的同时，为科技创新企业提供资金支持。

2. 保险机构要加强产品创新和提高综合配套服务能力

众所周知，保险机构在科技创新领域扮演着重要的角色。现阶段，"大众创业、万众创新"活动正如火如荼地开展，在此背景下，保险机构要加强产品创新，着力提高为科技型企业服务的能力，特别是提升保险服务的精确性。一方面保险机构要设立科技保险专营机构，以专业化的团队为科技型企业提供全方位的服务；另一方面保险机构要与京津冀地方政府合作，针对三地政府的"科技领军人才计划"推出"科技领军人才专属保险计划"，为政府引进的人才提供涵盖健康、财产、责任、意外等多领域的保险服务，从而进一步吸纳海内外优秀的科技人才加盟。同时，为了分散科技金融的风险，不同保险机构应该通力合作，共同组成科技信贷保险共同体，为科技型企业提供信用履约保证保险。在科技信贷保险共同体的模式下，各方保险机构按照其认缴的比例共享收益、共担风险。

3. 科技型企业要利用金融手段把控创新项目风险

科技创新项目具有前期资金投入高、研发周期长等特征，同时面临市场变化、技术更新换代等诸多不确定性因素，从而导致了创新项目的高风险。基于此，科技型企业要合理利用金融手段，把控创新项目风险。

具体而言，科技型企业可以采取以下措施：其一，积极参与和融入科技金融服务体系，在科技创新项目的不同生命周期阶段寻求不同的融资方式，比如在种子期，科技型企业可以引入创投机构和政府各类引导基金；其二，为科技创新项目引入担保公司，利用担保公司提供的增信服务获取商业银行的科技信贷。总之，科技型企业在获取资金的同时要尽可能降低融资成本，合理把控创新项目风险。

第三节　河南科技金融发展

一、河南科技金融发展历程

科技创新领域是一个风险极大，但社会效益极高的领域，存在着不少市场失灵的地方，科技金融具有极强的公共性，离不开政府的制度安排和财政投入的引导，政府参与科技金融的出发点是培育、引导和调控市场机制，通过政府作用和市场作用最终形成有效的科技型中小企业融资机制。

我国科技金融体系起步于20世纪末，是在整合西方基本理论和我国具体国情的基础上建立起来的。虽然在河南省科技厅的文件中，首次明确提到"科技金融"是在2009年发布的《全省签订1000亿元科技金融战略合作协议》中，但河南省科技金融的相关工作是随着全国科技金融体系的起步于20世纪90年代末开始的。回顾河南省科技金融工作的发展历史，以及对河南省近些年推进"科技金融"工作的标志性事件的整理，可以把河南省科技金融发展历程分为起步期、探索期和快速发展期三个阶段。

（一）起步期（2000—2008年）

这一时期，河南省科技金融在全国科技金融的带动下开始起步，重点领域是信贷市场，主要的形式是科技贷款。为加强科技创新，促进科技经济一体化，河南省先后出台了《关于加强科技创新促进中原崛起的意见》《关于实施河南省专利战略推进工程的意见》等一系列旨在提高科技、经济竞争力的政策措施。《河南省专利保护条例》《河南省科学技术普及条例》等地方法规的出台，推动了自主创新和科学技术普及工作的全面开展。这些政策的出台，标志着河南省科技金融发展的开始。

2008年5月，河南省出台了《河南省科技企业孵化器（高新技术创业服务中心）认定和管理办法》，当时的孵化器大多为传统孵化器，传统孵化器的特征是比较重资产，即物理设施以及物理空间建设在整个体系中所占比重较大。而创新型孵化器则是轻资产，特别重视创新创业者与投资者，特别是天使投资人、早期的风投以及相应的金融机构之间的紧密联系，特别重视导师计划。河南省创新型孵化器的建设和政府科技政策、科技财政的支持，推动了河南省科技金融的进一步发展。

（二）探索期（2009—2012年）

2009年4月，河南省科技厅分别与中国银行河南分行、中国民生银行郑州分行、浦发银行郑州分行等三家银行签订了科技金融战略合作协议，标志着河南省对科技金融的探索进入到实质性发展阶段。三家银行提出在五年内向全省高新技术企业提供总额为1000亿元人民币的授信支持，为促进科技与金融的紧密结合，有效地将商业金融的机制、资源与科技创新和高新技术产业发展有机结合起来，提供了有力的支持。河南省科技厅和三家银行采取"科技部门推荐项目、银行独立审贷、双方共同监管"的方式，探索形成科技资源和金融资本紧密结合的新路子，有效引导全省的金融资源向优势企业和高新技术产业集聚，共同搭建支持高新技术产业发展战略合作平台。科技部门按照有技术、有市场、有效益的原则，加强调研，认真筛选，在科技规划、产业政策、科技项目等方面为银行提供有效的信息支持，为银行提供优质的企业和项目，通过政策引导，促进河南省高新技术产业化项目及企业与三家银行开展业务合作，为全省科技创新和高新技术产业发展发挥最大效益。三家银行将利用其金融专业优势，支持河南省高新技术产业参与全球市场竞争，以科技部门推荐的重点企业和重点项目为支持对象，在符合相关政策法规的条件下，向全省高新技术企业提供授信支持，提供的授信支持包括但不限于项目贷款、技术改造贷款、流动资金、银行承兑、贴现、贸易融资、信贷证明及保函业务等。同时，利用其丰富的金融专业知识为河南省高新技术企业提供资金清算、咨询顾问、资信调查等服务，并积极创新产品，为企业量身定制产品、服务，满足其个性化、临时性的产品和融资需求。

2010年，郑州市生产力促进中心被认定为国家科技金融服务首批试点单位，在科技投融资、科技担保、上市企业培育、知识产权质押贷款、信用体系建设等方面积极开展工作，为广大科技型中小企业发展提供专业化的科技金融服务。

这一阶段，河南省的传统孵化器开始逐步向创新型孵化器转变。随着创业、创新和互联网的飞速发展，传统孵化器的弊端逐渐显现，如准入门槛高、孵化形式单一、软服务和投融资资源明显不足等。河南省针对技术创新型中小企业融资难的问题，建立了与国家技术创新基金上下联动机制，推动了广大科技型中小企业技术创新能力建设，培育了一批具有活力和市场竞争力的科技型中小企业。

（三）快速发展期（2013年至今）

2013年，河南省召开了全省科技金融工作座谈会，这一会议的召开，标志着河南省加快推进科技金融结合工作的展开，全省科技金融的大平台建设进入到一个全新的发展阶段，河南省步入了科技金融的快速发展期。

2013 年河南省出台的《关于强化企业技术创新主体地位全面提升企业创新能力的意见》、2015 年出台的《河南省人民政府关于深化省级财政科技计划和资金管理改革的意见》及 2016 年出台的《河南省人民政府关于加快科技服务业发展的若干意见》，都明确提出了要积极推进科技与金融的结合，逐步建立"投、保、贷、补、扶"一体化的科技投融资体系，着力破解科技成果转化的资金瓶颈。

2015 年 9 月，河南省财政厅、河南省科技厅与中原证券股份有限公司共同发起设立河南省中原科创风险投资基金，基金首期规模 5 亿元，用于支持初创期、种子期科技型小微企业。基金主要投资于省内的国家及省级众创空间、大学科技园、科技企业孵化器、国家"千人计划"、省"百人计划"等高层次人才领办的省内初创期科技型企业。中原科创风险投资基金属于天使投资基金，这也是河南省成立的首只政府背景的天使投资基金。中原证券以此为基础，开始打造支持企业做大做强的"六位一体"全产业链模式。中原科创风险投资基金预计支持的 4000 多家河南科技创新型中小微企业成长起来后，可以推荐其到中原股权交易中心挂牌；到股权中心挂牌的每家企业，都可以得到中原证券直投公司提供的、不低于 100 万元人民币的授信支持，并且还有股权和债权投资以及股权质押融资等方面的支持；随后，这 4000 多家科技创新型企业中的"优秀分子"，可以推荐到新三板挂牌上市；在新三板挂牌的企业中，中原证券可以提供新三板上市等融资服务，帮助企业进一步加快成长；在新三板成长起来的企业，又可以及时得到帮助，转板到国内中小板、创业板或者香港主板、创业板上市；企业主板或创业板上市后，还可以提供再融资和并购重组等服务，形成一个独具特色的"六位一体"的完整产业链。

2016 年 3 月，为破解科技型中小企业融资难题，切实解决科技型中小企业融资难问题，河南省出台《河南省科技金融"科技贷"业务实施方案》，河南省科技厅、财政厅联合银行资本推出"科技贷"业务，通过设立科技信贷准备金，对合作银行开展的"科技贷"业务出现的损失进行补偿，引导银行加大对科技型中小企业的信贷支持力度。支持对象为河南省科技型中小企业备案库内，备案类型为 A 类的企业，优先支持主要产品或服务具有自主知识产权及核心竞争力的科技型中小企业。"科技贷"由河南省科技厅下属的河南省科研基地管理中心负责管理，并联合财政和合作银行，为科技型中小企业提供"一站式"投融资服务。为鼓励合作银行开展"科技贷"业务，河南省拿出省级科技金融引导专项资金，设立科技信贷准备金，用于补偿合作银行"科技贷"业务中发生的实际损失，补偿比例最高为 60%，单笔补偿 500 万元封顶。

2017 年 1 月，河南省科技厅、财政厅制定并颁布《郑洛新国家自主创新示范区科技成果转化引导基金实施方案》，其目的是充分发挥财政科资资金的引导作用，建立健全科技创业投资机制，促进科技成果转化与产业化，支持科技型中小企业发展，加快郑洛新国家自主创新示范区建设。

2017 年 2 月 17 日，河南省科技工作会议在郑州召开，会议提出要推动发展科技金融，构建科技金融工作服务体系，加速科技金融深度融合，切实加大科技投入。从此，河南省科技金融的发展进一步迈入健康发展的快车道。

根据《中国区域科技创新评价报告 2019》，河南省综合科技创新水平指数为 52.1%，低于全国平均水平（70.71%），区域创新能力占全国第 19 位。河南省在科技金融发展的创新能力、创新环境以及相应的创新绩效等方面与发达地区还有一定差距。近年来，政府搭建科技与金融服务平台，促进多方合作，实现信息共享。目前，建立了"河南省科技金融在线服务平台""河南省金融产品网络服务平台"等服务性平台。全省共建立创新创业孵化载体 365 家，开始逐步形成服务于中小科技型企业发展的孵化育成体系。

2019 年，河南省建成了郑洛新国家自主创新示范区，从"基地＋基金""线上＋线下"立体融资服务体系等方面实现创新发展，依托郑州、洛阳、新乡 3 个城市的高新技术产业开发区，打造科技创新和金融创新基地，辐射带动全省经济发展。为推进金融和科技创新相结合的制度创新，河南省积极探索科技贷款和风险补偿制度。依据贷款的相关制度和规定，河南省主要依照"政府引导、市场运作、专业管理、风险共担"的原则，建立河南省科技信贷准备金，积极引导合作银行对于运用自主知识产权等资产进行相应的抵押贷款，支持中小企业尤其是科技创新型企业的发展，积极营造有利于科技金融发展的政策环境。在发展科技金融方面，河南省积极建立以财政投入为主要导向，银行等金融机构和创投机构多方配合的多元化、多渠道、高效率金融服务体系。河南省政府相继出台了《河南省促进高新技术产业发展条例》《河南省高新技术产业化专项资金管理办法》等促进科技金融发展的政策，进而为科技金融的发展提供了较好的营商环境。

河南省正处于向高质量经济转型的关键时期，虽然科技金融获得了一定的发展，但仍面临着科技创新发展动力不足、金融与科技的融合存在明显缺陷等问题。因此，政府应发挥主导作用，建立起多层次、多元化的服务体系，才能够更好地促进河南省科技金融的发展，为更多的科技型企业发展创新提供动力。

一 河南科技金融发展存在的问题

（一）政策滞后，力度不够

在政策方面，整体上来看，河南省关于科技金融的政策相对比较少，尤其是省级层面的，政策颁布时间比较滞后，对于科技金融的关注比较晚，缺乏对政策如何实施等细节问题相关的政策。此外，政策涉及科技金融的方方面面，但是每一个方面不够深入，不够具体。在政策具体实践方面，整体来说，河南省紧跟发达国家和发达地区的成功实践，大胆创新，积极推进，紧张落实，如郑洛新国家自主创新示范区（新乡）科技金融中心的落实等。

政策实施方面还存在以下问题：一是一些政策只是停留于政策层面，根本没有具体实施，比如"科技保"在河南省省内还没有落实，科技保险在全国范围内也是仅处于试点阶段，还在不断摸索中；二是一些政策虽然已经落实到具体实践，但是其实施的具体效果有待后续观望，如科技贷款、风险补偿机制和郑洛新国家自主创新示范区（新乡）科技金融中心的实施效果；三是大部分政策落实的真实效应已经初见成效，但对于其长期效果有待继续观察，对于其存在的问题有待后续完善，对于实施效果比较好的政策，有望进一步推广，如科技支行的设立，确实能助力科技贷款，缓解中小科技型企业融资难题，有待大范围的推广，但是个别科技支行还存在发展不充分、不平衡、作用不明显等问题。

（二）多元科技金融市场体系建设不完善

河南省科技金融发展存在着多元科技金融市场体系建设不完善的问题。科技金融市场体系主要指的是可以推进科技与金融共同发展以及相互依存、相互联系的各类市场的总和，其中包括科技担保体系、科技银行体系、风险投资体系、科技金融服务平台体系等相应的市场体系。

目前，河南省科技金融发展存在着科技担保体系不成熟、不完善的问题。由于科技型企业往往需要利用商业性担保得到企业发展的资金，因此政府政策支持的政策性担保、互助性担保等都需要进一步配合。河南省为科技型中小企业提供服务的科技银行体系建设也较为迟缓。直到 2018 年，中国银行、中国建设银行才开始在郑州设立首家科技支行。

此外，风险投资体系也需要适应科技型中小企业的发展。河南省风险投资具有起步晚、发展较快的特点，也存在着风险投资人才短缺、政府干预过多以及投资观念和意识不足的问题。风险投资资本倾向于传统企业，科技型中小企业利用风险投资进行融资的成本过高。

当前科技金融市场体系难以服务河南省科技型中小企业发展，为其发展提供资金保障。

（三）科技人才短缺，科研经费不足

河南省原科技厅厅长、党组书记马刚在 2019 年 1 月 24 日河南省科技工作会议指出 2019 年河南省科技工作目标：新培养引进中原学者及以上高层次科技创新领军人才 30 名；新建省级以上创新平台达到 300 家；新引进和建设新型研发机构 10 家。近年来，河南省科研人员、科研经费和专利授权的数量虽然呈现出不断增长的态势，但是与广东省、北京市、上海市等发达地区相比尚存在较大差距，如有关数据显示，河南省 R&D 经费支出占全省 GDP 比重不到 1.5%，科技型企业真正做到原创的较少。江苏省、广东省科技创新能力能够连续多年在全国名列前茅离不开专业人才的支撑。一般来说，研发人员的数量与科研经费和专利授权量呈正相关。

由此来看，高层次科技人才、高层次金融人才的严重匮乏是制约当前河南省科技金融发展的重要因素之一。河南省高层次科技人才、高层次金融人才的缺口也在继续扩大，具体原因如下：一是因为对高层次人才的培养意识薄弱；二是本土人才流失现象显著，人才池不够大；三是河南省对高层次人才不够重视，人才引入机制缺乏竞争力。

（四）科技金融体系有待构建，创新乏力

从科技金融的内涵来看，它是一个系统，是需求方、供给方、政府、中介机构四项基本要素相互依存、相互联系的整体。完整的科技金融体系应该是资金的需求方——高新技术企业和中小科技型企业，资金的供给方——政策性财政资金、金融机构及风险投资等市场资金，政府——政策法律法规监管，中介机构——提供担保的相关机构融合的整体。但是从河南省科技金融体系现状来看，整体上比较零散，只是一些点和线，不成系统，还不能发挥协同效应。

三、河南科技金融发展的对策

（一）丰富科技金融产品

不论是从事什么产业，企业的经营过程充满了各种各样的风险，如市场风险、信用风险、技术更新风险、财务风险等，即便是大企业也随时存在损失的可能性，更何况是那些处于初创期、成长期的科技型中小型企业，他们面临的情况更复杂，

不确定因素更多，单一的科技金融产品，对高新技术产业的中小企业需求来说肯定是不足的。在实际运作中，资金、创业场所、各类人才、配套设施等每一项对科技型中小企业来说都至关重要，只有建立起服务整个科技生命期的一系列完善的业务体系，才能极大地提高企业生存下来的概率，促进科技产业生态圈的建立与发展，加快经济结构转型。

以科技信贷产品为例，科技企业的实际经营情况和贷款需求情况千差万别，有的可以凭知识产权质押，有的只能以信用形式，有的处在初创期，有的处于成长期，每个企业对信贷利率的敏感度也存在差异，所以以一种产品期望满足所有企业是不切实际的。所以河南科技金融发展，首要任务就是丰富科技金融产品。具体应包括以下几个部分。

第一，引进战略合作者，包括各类金融机构、园区和孵化器管理机构、会计和法律等方面的中介机构以及科研院所。金融机构是资金供给者，为科技型中小企业提供金融产品；园区和孵化器管理机构给初创企业提供创业场所和配套设施；会计和法律等方面的中介机构提供咨询服务；科研院所则提供源源不断的技术支持和人才支持。

第二，丰富科技金融产品的种类与数量。不仅要能提供信贷、保险、担保、债券、天使投资、股权投资、上市培育、会计和法律服务等大类服务，在每一类服务中还应开发针对特定科技中小微企业的多样化产品。这些产品除战略合作者可以提供外，也可以新建一批专门的机构来提供，如科技保险公司、科技小额贷款公司、科技银行等，这些专营机构对科技中小企业的服务积极性远超战略合作者。

第三，探索投贷联动产品。投贷联动产品的运作模式简言之就是商业银行在给科技中小企业提供贷款的同时与风险投资机构合作进行股权投资，在贷款损失的情况下，商业银行可以用股权分红来弥补损失，同时投资机构也可以分散自己的风险。对于亏损状态的初创企业，融资难尚且不说，还款难也是一大问题，投贷联动产品可以减少合作双方的风险。

（二）分块管理服务平台

在科技部和金融监管机构的推动下，科技和金融结合促进工作进展迅速，各地整合各方资源，创新服务模式，区域性科技金融服务平台如雨后春笋般出现。服务平台的建立可以将各种资源组织在一起，科技中小企业将自身情况和需求录入平台数据库，由平台找到合适的服务供给方，并促成双方交易的完成。

随着科技金融事业的不断往前迈进，各种科技金融服务模式都会积累大量的服务案例数据，大数据的运用在未来将极大提高平台服务效率，例如，基于某企业历史交易数据（信用记录）和企业近期财务数据，由系统自动推荐最优融资方案；如果将某个非数据库内的种子或初创期企业的信息录入系统，系统可能为其提供一套从初创期到成熟期，甚至到上市的包罗各项的建议以供参考。这样大数据的运用可以把服务平台的优势发挥到极致。

1. 建立信用评级分块体系

信用体系的建立是平台开展所有业务的基础，金融机构通过了解企业信用信息，针对客户需求，制定符合企业实际情况的融资方案。

2. 综合融资分块体系

以平台机构库、产品库为基础，为各个时期的科技中小企业提供不同的金融服务。对处于种子期，且有巨大成长潜力的企业引进天使投资机构投资入股；吸引战略投资者支持初创期和成长期的未来有潜力或正在培育上市的企业；为成长和成熟期的企业提供中小企业集合债等融资服务；对需要设备换新的成熟期企业，可提供融资租赁服务；对不同发展阶段的企业，还可以可根据实际情况提供贷款和风险投资基金支持。

3. 辅助类分块体系

为科技中小企业提供知识产权估值服务；建设园区、孵化器或与现有科技园区、孵化器合作，为创业者提供公司场所，降低企业成立前期的成本；提供收购、重组、股权转让服务；为企业发展方向、产品市场定位等公司运营问题提供咨询服务。

（三）优化财政政策安排

1. 多种扶持手段综合运用

对科技企业而言，相关营运费用可采取后补助的形式，当取得骄人成绩或阶段性成果（如上市）时，应及时采取绩效奖励形式给予适当支持。对于金融机构开展的业务而言，财税部门和科技部门应建立风险补偿池，在金融机构给予科技中小企业相应服务受到损失后进行风险补偿。政府设立的科技金融发展基金可以以阶段参股、跟进投资的方式入股风险投资机构。对中介服务机构可采取政府采购形式，这样中介服务机构能够以较低的价格为科技企业提供服务。

2. 政策制定与时俱进

在有很多建设经验可供参考的情况下，河南省科技金融会快速发展，未来必然有更多新业务、新机构出现，所以要同时完善配套制度。一方面，如科技保险业务的开展伊始要建立相应的风险补偿机制；科技小额贷款公司、专业科技担保公司等的设立，政府要给予一定的财政补贴，或者直接入股。另一方面，也要对旧政策未考虑的领域，制定新的补充，如对创业载体进行补助，以应对未来大众创业、万众创新的大趋势。

3.转变政策引导方向

政策应转变主要支持信贷和担保等间接融资工具的局面，要向扶持股权投资、"股权＋债权"以及资本市场方向推进。贷款融资模式的条件苛刻，科技企业和银行对财政的依赖程度高等特点，会使科技信贷给科技金融发展带来不利影响。相反股权投资市场化的运营模式，使企业在没有任何特殊照顾的情形下参与市场竞争，接受市场规律的检验，具有一定的可取性。况且政府引导资金作为我国在科技金融领域的初步探索成果，其作用的领域非常有限，科技金融整个运营体系在未来将逐渐实现市场化。

第四节　广东科技金融发展

一、广东科技金融发展环境

（一）金融环境

广东省积极落实创新发展理念，进一步优化对科技创新的金融服务，着力拓宽融资渠道，优化融资结构，降低融资成本，具体战略布局如下。

一是支持、引导银行等机构加大对智能制造等战略性新兴产业、科技创新、现代服务业的支持力度，推动传统产业改造升级，降低产能过剩行业的贷款。

二是开辟科技信贷绿色通道，在贷款准入、信贷审查审批、考核激励、风险容忍度政策等方面建立特别制度安排，加大对科技创新企业的信贷支持。

三是开展投贷联动试点，与中国建设银行广东分行等合作，在广州萝岗开发区、东莞松山湖产业园、佛山南海高新区等条件成熟的园区进行试点，开展"股权＋银行贷款"和"银行贷款＋认股权证"等融资创新。

四是支持、推动优质的科技型企业改制上市，到新三板以及区域性股权交易市场注册挂牌。鼓励符合条件的科技型企业在银行间市场发行超短期融资券、短期融资券、中期票、企业债、知识产权资产证券化产品等，打造科技型企业融资"直通车"。

五是推动我国青年大学生创业板加快发展，对接大学生创新创业竞赛和高校"青创空间"、创业社区等，提供孵化培育、规范辅导、登记托管、挂牌展示、投融资对接等综合金融服务。

六是推动互联网金融健康发展，鼓励互联网金融企业开展创新活动，提高融资效率，加大对科技型企业的金融支持力度。

（二）科技环境

广东省深入贯彻落实科学发展观，坚持转型升级、建设幸福广东的核心任务，以科技和自主创新为核心动力，带动全省经济社会平稳较快发展，促使科技工作在全省发展大局中实现从配角到主力军的重大转变，推动了建设创新型广东的步伐。

1. 区域创新能力显著提升

珠三角国家自主创新示范区获批，成为推进全省经济结构战略调整和产业转型升级的重大平台。广东省初步构建起开放型区域创新体系，以创新为主要引领和支撑的经济体系和发展模式正在加速形成，为建设创新型国家不断提供新鲜经验和成功范例。

2. 关键性技术实现重要突破

广东省坚持"三链融合、省市联动"，组织实施新一轮重大科技专项，在多个重点领域抢占产业发展新高地；大力建设国家大科学工程，推动多个战略前沿技术跻身世界领先水平；加快建设高水平大学，组建新的广东省科学院，增强源头创新的有效供给；突破了节能减排、新药创制、电子信息、轻工装备、家电等领域制约产业发展的技术瓶颈。

3. 科技支撑产业结构优化升级成效显著

广东省加快创新型产业集群建设，打造了7个产值超千亿元的战略性新兴产业集群；推动深圳、广州成为带动珠三角国家自主创新示范区建设的龙头，大力发展新产业、新业态；实施高新区创新发展提升行动；推动专业镇传统优势产业转型升级。

（三）政策环境

广东省科技金融工作虽然起步较早，但是一直处于探索和试点阶段。十八大以来，广东省以习近平总书记在粤考察调研时的讲话精神为指导，按照省委、省政府的工作部署，坚持实施创新驱动发展战略，立足于广东科技金融工作现状，出台了一系列具休政策措施，着力解决制约广东科技金融发展的瓶颈问题，促进科技、金融、产业三者结合，为科技型企业的融资发展和创新能力的提升提供了有力保障。

1. 顶层设计

为营造科技金融发展的良好政策环境，完善科技金融政策体系，广东省人民政府相继在《广东省国民经济和社会发展第十二个五年规划纲要》（以下简称《纲要》）以及《广东省人民政府办公厅关于促进科技和金融结合的实施意见》（以下简称《实施意见》）中提出了广东省科技金融的发展思路、发展目标和重点任务，在最高层面上，为广东省的科技金融发展指明了方向。

《纲要》强调，"要完善创新投融资体系，积极探索金融与科技创新发展的新模式，形成支持创新创业的多元化投融资体系；发挥投资对推动基础设施现代化、产业发展高级化的重要作用，积极拓宽融资渠道，支持地方性中小银行、村镇银行和小额贷款公司的发展，充分运用多种金融工具，加大对重点项目、重点产业的融资支持"。这为加速推进科技金融结合、完善广东省创新投融资支撑体系提出了明确要求。

2013 年 8 月，《实施意见》正式出台。《实施意见》明确提出促进科技与金融结合的目标要求，并从创业投资、科技信贷、资本市场以及科技金融服务体系和机制体制四个方面提出了具体的实施意见。这是广东省首个体现科技与金融结合的政策措施，旨在为全省科技金融工作进行顶层设计，推动全省加快形成科技和金融紧密结合的新格局，助推全省创新驱动发展。

2. 多面出击

在《纲要》以及《实施意见》的指导下，广东省科技厅、广东省人民政府金融工作办公室（简称金融办）等相关部门相继颁发了一系列文件，分别从积极培育和发展创业投资、引导发展科技信贷与科技保险、大力发展多层次资本市场和完善互联网金融市场等方面，制定了一系列具体的政策措施，多面出击，将文件与口号落实到行动上。

为贯彻落实《实施意见》精神，完善科技金融政策体系建设，2014 年 2 月 10 日，广东省政府召开全省科技金融工作会议，会议出台了《2014 年科技·金融·产业融合创新发展重点行动》和《科技金融支持中小微企业发展专项行动计划》，提出促进科技与金融结合的目标要求，并制定了一系列以科技金融服务中小企业的措施。

为建立健全科技保险体系,推动适应科技创新的科技保险产品和服务的发展,2015 年 1 月,广东省科技厅联合广东省金融办、保监局出台了《关于发展科技保险支持科技创新的意见》。该意见旨在建立有效的科技保险专项资金支持计划,促进保险机构创新科技保险产品和服务,推动科技和保险部门联合出台相关政策措施,省市联动,建立科技政策支持科技保险的长效机制。

在创业投资与科技信贷方面,广东省科技厅联合广东省财政厅在 2015 年 3 月制定并印发了《广东省科学技术厅广东省财政厅关于科技企业孵化器创业投资及信贷风险补偿资金试行细则》,拟对孵化器内创业投资失败项目和在孵企业首贷出现坏账项目所产生的风险损失,按一定比例进行补偿,由此支持金融机构为孵化器内科技型企业提供贷款,引导创投机构投资科技项目,促进科技成果的转化与产业化。

随后,为引导互联网金融健康发展,广东省科技厅联合广东省金融办出台了《关于发展科技股权众筹 建设众创空间 促进创新创业的意见》,要求重点推动一批科技股权众筹平台建设,培育、引进一批科技股权众筹管理团队,带动一大批创新项目挂网众筹,培育和建设一批运营一流的众创空间,建立一批创新创业导师队伍,集聚一大批高素质创新创业人才,形成"互联网+"时代背景下"大众创业、万众创新"的生动局面。

2015 年 8 月,广东省科技厅又联合中国人民银行广州分行出台《关于科技和金融结合促进创新创业的实施方案》(以下简称《实施方案》)。《实施方案》要求以创新驱动发展战略为引领,加强科技政策和货币信贷政策的创新运用,促进科技与金融深度融合,引导金融机构和社会资金进一步加大对科技创新的投入力度,加快推动创业创新。

二、广东科技金融发展的特点

(一)人力资本的渗透性进一步加深

新常态的背景下,科技金融的发展对人才的要求进一步提高,科技金融的创新发展围绕的是科技开发与创新服务,将更加重视金融资本和人力资本的转化与结合。另外,科技金融更加凸显出在人力资源密集型产业中,人力资源是相当重要的。所以,新常态下的科技金融迫切需要掌握科技前沿动态的金融复合型人才。

(二)政策与市场的复合性进一步增强

在新常态下,科技创新要求金融市场进一步配合公共财政,公共财政需要进一步吸引金融市场的资金一同注入科技企业，提高高新技术企业成果转化率，使科技成果转化体系更加完善和多元化。通常转化模式包括政府出台相关政策主导的转化模式、由市场驱动的转化模式和政府主导与市场驱动相结合的转化模式。

（三）资金融通的多层次性进一步凸显

科技创新往往面临着多样化的风险和大量持续的资金需求，因此目前的金融手段很难满足科技创新整个过程的需要。所以，在新常态下，高新技术企业是作为最有活力的创新主体参与科技金融活动的。在现有金融工具、金融制度安排等的基础上进行组合与创新，从而满足科技型企业的资金需求。

三、广东科技金融发展模式

广东省在科技金融方面进行了大量的尝试和创新，如财政科技投入和银行科技信贷相结合、科技金融与科技资本市场相结合，因此形成了科技与金融不断融合的局面，不断用改革创新推动发展，促进科技与金融相融合，促使科技与经济共同发展。

（一）集聚各方资源

科技金融的发展需要各地区、各部门发挥自身优势，将各资源集聚在一起发挥作用，共同推动科技金融的发展。主要体现在以下方面。

第一，广东省科技厅与省金融服务办公室、省银监局、省保监局、省证监局等各大部门联合出台科技金融政策，营造一个良好的科技金融政策环境。

第二，加强省科技厅与各地级市之间的沟通互动。省科技厅、中国人民银行广州分行与江门市政府签订了《科技与金融结合促进创新创业发展合作框架协议》，旨在推进江门市小微企业创新创业基地城市示范性工作的进行，使科技金融政策与货币政策进一步融合，促进科技风险投资、科技信贷投资、开展科技金融服务，推动江门市科技金融和创新创业的发展。

第三，成立广东省科技金融促进会，促进科技与金融的融合，为全省的创新创业营造良好的氛围。中国建设银行广东分行与广东省科技厅等政府机构和金融机构等在惠州共同成立"FIT 粤"科技金融创新平台。"FIT 粤"科技金融创新平台包含一揽子综合服务方案，旨在打造服务于高科技企业的科技银行。

（二）为银企建立交流渠道

目前，广东省已经搭建两个平台服务科技金融，分别是依托于广东省粤科金融集团有限公司的政策性科技金融集团和依托于广东省生产力促进中心和全省科技系统力量建设的广东省科技金融综合服务中心。这两个平台旨在减少科技金融发展过程中的信息不对称，更好地推动科技金融的发展。

（三）全面建设科技金融网络

广东省科技金融网络涵盖四大体系，分别是科技信贷体系、创业风险投资体系、互联网金融体系和多层次资本市场体系。目前，广东省已经设立了各项风险投资基金，形成了面向科技产业不同阶段和重点领域的科技风险投资体系，各类风险投资基金包括天使投资基金、互联网股权融资领投基金、科技企业孵化器和科技企业转化基金等。

同时，广东省组建了专门的机构辅助科技型企业上市，为其股权交易、新三板挂牌、创业板上市等提供专业的咨询辅导，辅导企业在资本市场更好地发展。依托于广东省金融高新区和广州股权交易中心等股权交易平台，广东省设立了新三板科技引导基金，并且逐步形成了涵盖了股权交易、新三板、创业板、中小板等相互连接的多层次资本市场体系。此外，广东省科技厅还与中国人民银行广州分行建立了联动机制，旨在促进产业链、资金链和创新链的融合。

（四）用财政资金带动社会资本

从 2014 年开始，广东省科技厅转变财政资金的投入结构和方式，深入推进省级科技业务管理计划"阳光再造行动"，同时设立"产业技术开发与科技金融"专项资金，并联合创投联动、科技信贷和科技金融服务体系，引导各大金融机构和社会资本参与科技创新，为科技型企业注入更多研发资金，推进科技型企业的发展。在政策的带动下，广东省各地级市也设立相应的科技金融专项资金，带动创业投资、风险投资、信贷、保险等社会资本为当地的科技型企业注入资金。

四、广东科技金融发展的现状

（一）广东省科技金融整体发展情况

1. 综合科技进步水平指数

综合科技进步水平指数是一个地区科技总体水平的反映，包括科技进步环境、科技活动投入、科技活动产出、高新技术产业化以及科技促进经济社会发展等一系列指标，是对各省市科技水平和经济社会运行质量比较客观的评价。从排名来看，广东省居于第一位。

2. 科技活动基本情况

广东省政府以及各大企业更加重视科技研发，广东省科技活动活跃。但是不足的是，规模以上工业企业 R&D 项目整体并无上升趋势，且近几年增长有些停滞。

3. 金融业情况分析

深圳市与北京市、上海市相比，挂牌企业数还存在一定的差距。而在广东省内部，广州市挂牌企业总数落后于深圳市，说明深圳市科技活动会活跃一些，而东莞、佛山等地区在新三板的挂牌总数远不及深圳、广州，说明广东省各地区高新技术产业发展并不平衡。

（二）"广佛莞"地区科技金融发展现状

1. "广佛莞"科技金融政策

2011 年，"广佛莞"成为国家第一批 16 个促进科技和金融结合试点地区之一，这几年，"广佛莞"不断推进科技与金融的融合创新。目前，已初步形成了科技金融发展体系。自 2011 年以来，"广佛莞"地区关于科技金融的政策文件每年都在不断增加。2011—2016 年，这三个地区颁布相关的政策文件总共 112 项，除 2012 年作为科技金融的转折年，科技金融政策有所减少外，自 2013 年开始，政策文件在不断增多。同时，近几年来，"广佛莞"地区科技金融相关政策不断完善，目前政策已经涉及创业投资、资本市场、科技信贷等。

2. "广佛莞"地区发展特色与成效

从科技金融试点成立以来，广州市已经初步形成"一个中心、两大示范区、三大平台"的科技金融体系，将番禺科技金融服务创新示范区和广州开发区股权投资交易示范区作为基础，着重建立创业投资、科技型企业上市和科技信贷融资三大服务平台。佛山市依托于广东金融高新技术开发区，正积极加大科技金融的融合；东莞市依托于松山湖高新技术开发区，其金融创新服务体系也在不断完善。

"广佛莞"地区发展成效体现在以下方面：一是不断完善创业投资引导基金体系，多元孵化器建设逐步加强，设立了创业投资基金，逐步形成省市相互联系的创业投资引导基金，且大力发展孵化器，将资源集聚在孵化领域。二是不断变革信贷模式，共同承担融资风险。风险分担方式不断创新，由政府和金融机构共同承担贷款风险，在全国最先创立了"风险池"和"风险准备金"等风险分担模式，帮助科技型企业不靠有形资产同样也可以用轻资产获得融资服务。开展了知识产权质押贷款，不断推进科技银行的建设和发展，为科技型企业的融资提供更多渠道，加大科技保险的宣传力度，扩大科技保险的覆盖面。三是完善资本市场，增加融资渠道，辅助科技型企业上市，推动企业到新三板上市，加强再融资力度，加大力度发展股权和产权交易市场。四是高效发展互联网金融，加强产业园的建设，合理高效利用各种渠道建立多元化的融资平台，建设金融产业园，扩大市场规模。

（三）深圳市科技金融发展现状

深圳在科技金融发展方面勇于创新、积极探索，财政科技资金投入方式不断创新，并有效引导政府和社会的金融资源不断投入科技创新，建立包括银行信贷、证券市场、创业投资和政府引导基金等覆盖创新创业全链条的多元化科技投融资体系。深圳市为促进科技与金融深度融合，出台了多项配套政策，涵盖科技信贷、创业投资和互联网金融等多个方面，致力于优化科技财政投入结构，不断发展创业投资，创新科技信贷模式和拓展多层次资本市场，加快了深圳市科技金融体系的建设。

深圳市科技金融的发展主要体现在以下方面。

第一，创业投资的引导基金作用显著。2008年，深圳市政府同意由财政出资设立创投引导基金，总规模为30亿元，初期投入为10亿元，使重点投向初创期、成长期企业及科研机构方面，促进深圳市高新技术产业的发展，特别是新能源、生物与互联网这三大新兴产业。

第二，本土创业投资最为活跃。深圳市本土创业投资机构数量最多，管理的创投资本总额最大，同时也是全国本土创投最活跃和创业氛围最好的地区。同时，深圳市创投机构有效支持了生物、新材料、新能源等六大战略性新兴产业的快速发展。

第三，信贷模式创新，提供多样化资金。深圳市金融业较为发达，为解决科技金融发展面临的诸多问题，积极创新金融产品和服务方式，为科技型企业提供差异化的金融服务。

五、广东科技金融发展存在的问题

（一）科技金融市场阻力

1. 风险投资遇到瓶颈

（1）行业监管不到位

首先，政府部门的监管职责相互重叠，没有明确划分。广东省风险投资涉及基金的募集和投资活动，触及面广，涉及广东省发改委、银保监会和证监会等多个监管机构。在这种以机构监管为主的分业监管制度下，易造成对风险投资的多头管理，难以形成有效监督。

其次，行业协会并未行使相关职能，未形成行业规范。广东省创业投资企业的自律组织直接由政府主导和管理，缺乏一定的独立性，在运行上也重在服务而不在监管。因此，既没有形成对风险投资市场各类主体行为的指引，也没有达成行业自律的约定，仅仅停留在相互信息的传递以及追求利益的表面，自律管理的职能发挥受到很大的限制。

（2）退出机制不完善

创业投资资本退出受限。目前，广东省风险投资一般通过企业并购、股权回购等方法退出，但其在法律保障和可行性方面有很大的风险。一方面，由于广东省各级政府在资本市场上定位不明确，缺乏统一监管和完善的政策体系，造成风险投资退出渠道受限，很大程度上制约了创业资本的循环投资能力；另一方面，广东省产权交易市场虽然很多，但还缺乏完善的金融市场机构，使得创业风险投资交易不活跃，在一定程度上阻碍了风险资本的退出。

（3）缺乏专业管理方面的人才

目前，虽然广东省创业投资领域有一定的科研人才队伍，但缺乏创业风险投资所需要的金融及科技管理的复合型人才。缺乏优秀的风险投资团队，便不能发挥积极性和能动性，很难保持风险投资行业稳步发展，将会影响广东省创业投资运行和管理质量。同时，广东省未建立良好的人才机制，缺乏吸引并留住外来创业风险投资人才的优势，风险人才梯队建设还未成型。

2. 科技信贷操作困难

（1）知识产权质押评估困难

知识产权质押操作成本较高，缺乏专业的服务体系，无法对科技型企业知识产权的价值提供科学可靠的评估与认证，使得科技银行的利率下降，企业融资难度上升。

（2）科技银行风险监管机制不完善

目前，科技银行对科技型企业的经营管理状况缺少专业的分析与评估，并未在贷款后严格监控企业的各项指标，增加了科技银行的经营风险。为了有效控制信贷风险，金融机构在企业运用知识产权质押进行融资贷款时采取了一系列措施，如缩短贷款期限、降低贷款额度等。

（3）科技保险发展缓慢

广东省科技保险起步较早，但在发展中仍存在诸多问题，使得发展进程缓慢。比如说有一些高新技术企业的风险意识不够强，对科技保险的认知程度还不是很高，使得投保积极性总体较弱。

此外，专业保险人才比较匮乏，科技保险对专业保险人才的要求较高，除了需要具备扎实的保险理论知识和实践经验，还要对高新技术企业的风险管理有充分的认知，高进入门槛阻碍了广东省专业保险人才队伍的建设。

3. 多层次资本市场隐患不断

（1）创业板发展不太均衡

现阶段，我国创业板的行业分布不均，制造业占比最高且超过了70％，信息技术行业占比超过18％，而批发零售、环保卫生等11个行业的占比不到12％。从产业结构方面看，产业结构升级正在加快。在2013年，我国第三产业的总产值与GDP的比值已经超过了第二产业占GDP的比值，高达46.1％。世界产业变迁和技术发展的经验告诉我们，第三产业和第二产业的子行业结构性变化的不确定性非常明显，广东省创业板的行业集中度过高，使整个创业板的风险增加，若市场危机发生，创业板会遭受大的市场风险。此外，广东省在推动科技型企业在创业板上市方面还存在诸多欠缺，广东省各个地市在创业板上市的企业数差别巨大。

（2）新三板发展受制度约束

新三板的转板制度还不健全，传统的转板操作程序复杂，效率较低。转板的标准和流程需要不断细化和优化，让企业能够享受更加灵活的转板制度，使得各个层次的资本市场能够成为有机整体。此外，新三板准入制度使很多企业受到限制，削弱了许多中小投资者的积极性。

（3）股权交易市场盈利模式不完善

广东省股权交易市场虽实现了部分企业挂牌融资，但绝大多数挂牌企业的资金对接方是银行，一些企业的目的有可能只是借助股权交易市场去套取政府奖励。区域性股权交易市场也存在诸多问题，比如商业模式不明确、挂牌企业数量少且规模小和投资者参与积极性低等。因此，广东省股权交易市场虽能保持经营，但长此以往，市场将失去活力，发展前景不容乐观。

（二）科技金融发展不平衡

1. 科技金融结构不均匀

广东省金融总量虽然占全国的10％，但金融结构不平衡。在广东的贷款结构中，科技型企业的贷款占比较低，尚不足广东省贷款总额的一半。此外，近年来科技型企业贷款的增量、所占权重及新增贷款的比重仍不断下降，造成科技型企业融资困难，流动资金严重短缺。

2.区域科技金融发展不平衡

（1）金融资源分布不平衡

广州、深圳等珠三角地区地理位置优越，金融资源丰富，给科技金融提供了良好的发展空间。广州作为区域性贷款中心、金融支付结算中心、保险市场中心的态势逐步强化。而深圳金融产业规模较大，外资银行数量较多且整个城市的资本竞争力在内地排在前列。而粤东西北地区金融发展比较薄弱，不仅规模小，而且自身的金融"造血功能"较差，无法支撑粤东西北地区科技创新发展的庞大金融需求。

（2）政府支持力度不均衡

2011年，深圳和"广佛莞"地区成为首批科技金融结合试点，使得科技与金融进一步融合，推进了珠三角地区科技金融的发展。而粤东西北地区缺乏及时的政策扶持，区域发展目标不清晰，导致科技金融发展相对滞后。

（3）科技人才分布不均

珠三角地区科技人才集聚度较高，与其他地区相比，科技人才数量和质量均占绝对优势。而粤东西北地区文化水平低下的人口占有较大的比重，使得这些地区科技金融发展后劲不足，难以跟上珠三角地区的步伐，拉大了与珠三角地区科技金融发展的差距。

第五节　山东科技金融发展

一、山东科技金融的发展状况

当前对于我们国家来说，实现经济的转型升级是我国经济发展的首要目标，而对于山东省来说，实现新旧动能转换是山东省经济高质量发展的重要推动力。山东省新旧动能转换成功可以在全国起到表率作用，新旧动能转换成功的关键在于科技金融的运行是否有效，需要集中力量提升科技创新能力。

目前，山东省的新旧动能转换工作进入了关键时期。如果转换成功，山东的事例将为全国工作的进一步展开提供经验，我们当前发展的问题也能得到进一步解决。近年来，山东省积极发展科技金融，改进科技型中小企业金融服务，坚持完善科技金融机制、优化并开发新的金融产品与服务、提升政策引导激励作用、融资与融智共同推进、加强政策培训和宣传。

大力发展科技金融不仅仅是时代所驱，也不仅仅是政府响应国家号召，同时也为银行业的转型提供了一个良好的契机，是提升经济发展速度和人民生活水平的关键一步。

（一）科技金融投入状况

1. 财政科技支出

财政科技支出是指为了专门支持科技创新和发展而调拨的一部分资金，属于科技金融投入部分。财政科技支出在不同阶段呈现出的结果也有所不同，在科技发展的边际递增阶段，每增加 1 单位财政科技支出，科技产出大于 1 单位，此时科技金融投入的效率是比较高的；但如果处于边际递减阶段，每增加 1 单位科技支出后得到的产出小于 1 单位，此时投入产出运行效率低下。

2020 年山东省财政科技支出达 120 亿元。

2. 山东省 R&D 内部支出

山东省 R&D 内部支出是指山东省支持和开展省内研究和试验活动的全部资金投入，分为直接支出和间接支出两类，直接支出主要是与 R&D 课题的直接支出，间接支出是与 R&D 活动的相关支出，比如管理费、服务费等。这一部分投入对山东省近年来科技金融的发展至关重要。

2020 年山东省 R&D 内部支出为 1681.9 亿元。

3. R&D 人员折合全时当量

R&D 人员折合全时当量能够很好地反映山东省科技金融人才的数量和规模，它是将非全职人员工作时间折合为全职人员数量加上全职人员数量的总量。科技需要创新，而创新又需要人才来推动，所以人才的数量和质量是科技金融高效运行的重要因素。

2020 年山东省 R&D 人员折合全时当量为 278788 人 / 年

4. 金融机构对科技研究和技术服务业的支持

近年来，山东省不断加大对科技型企业的金融支持力度，不仅通过增加政府财政投入力度的方式，而且还出台了各项政策，比如建立健全贷款风险补偿基金、拓宽企业融资渠道、完善科技成果转化服务体系等。银行等金融机构作为企业融资的主体，提高金融机构对科技项目的投资力度，有利于促进科技金融的进步和发展。

（二）科技金融运行效率存在问题

1.科技成果转换效率低下

科技金融真正发挥作用，不仅仅是要突破核心技术，而是真正转化为"产品"，这需要诸多领域的协同配合和相互信任。科技成果转化不仅是顺利推进创新驱动发展战略的关键一环，也是科技与金融更好融合的重要一步。

虽然到目前，山东省对于科技金融的重视程度不断加大，科技体制改革不断推进，并取得了一定的成效，科技发展的环境和政策都得到了很大的改善，创新驱动发展战略全面展开。但是，在成果转换体系还是不够健全，导致成果转换效率低下，与科研人员相关的政策落实不到位，难以调动广大科研人员的积极性。与科技金融相关的投融资机制不健全等问题，严重影响了科技成果对经济的贡献，迫切需要对现行法规进行修订完善。

2.科技金融专业人才匮乏

虽然山东省积极引进优秀人才，构建科技金融人才队伍，但是人才依旧紧缺。无论是科技企业、科技金融担保机构还是科技银行都缺少科技和金融复合型人才，目前的人才队伍远远不能满足科技金融发展的需求。而且，山东省科技金融人才不仅数量和质量上存在不足，还存在严重的地区分布不平衡，60%的人才主要聚集在济南、青岛、烟台、潍坊等城市，其他地市更加短缺。

3.科技保险工作开展滞后

2010年4月保监会颁布《关于进一步做好科技保险有关工作的通知》，标志着我国科技保险开始由试点期进入全国性推广阶段。山东作为非试点区域，高新技术企业虽然也享受到了由地方科技主管部门出台的鼓励投保信用保险的政策扶持，但科技保险整体上尚处于起步阶段，科技保险的供给和需求均受到抑制。

（1）科技企业参与科技保险业务的意识不强

一些科技企业的风险管理理念落后，投保意识淡薄，很多企业对科技保险的险种和优惠政策根本不了解，或者认为其与普通商业保险无太大区别，投保意义不大，在资金有限的情况下，科技企业更愿意将资金投入到研发环节和市场开拓中去。

（2）保险公司提供科技保险的动力不足

保险公司是基于大数法则经营保险业务的，只有参加科技保险的企业足够多，才能厘定被保险企业能够承受的合理的保险费率水平，才能在投保企业发生风险损失时给予适度赔付，也才能保证科技保险业务的持续经营。

然而，参保科技企业数量有限，达不到大数法则的要求，以及保险公司缺乏科技风险的承保经验，都削弱了保险公司提供科技保险的动力。同时，缺乏大量保险中介机构的广泛参与，科技保险市场竞争不充分，也是科技保险业务开展不足、效率低下的原因。

4. 科技融资环境发展不健全

"融资难"一直是制约山东科技金融和科技创新发展的突出难题。在科研早期阶段的投入，是一个很烧钱的过程，只靠财政支持还不够，若想让科技创新结出果实，"支持、保障"这条水渠里，"金融"活水不可少。科技型中小企业融资难、融资贵问题，一方面反映了政府财政支持的力度无法满足企业的融资需求；另一方面反映出了单靠政府的一己之力是无法改变科技型企业的融资现状的。市场化不完备，金融机构所实施的信贷政策大多是为了响应政府的号召，而不是从如何促进科技型中小企业更好发展这一立足点出发，政府财政资金未发挥吸引社会资本的作用，需要提高公众和社会对科技金融政策的信心，从股票市场、债券市场等多方位提供科技型中小企业的融资渠道。企业发展的融资渠道，大多是以土地、厂房等固定资产作为抵押品。但对于仅仅拥有轻资产的科技型企业来说，无疑更加限制了它们的融资渠道。金融机构目前尚不准许以各项专利和软件著作权作为抵押品来筹集资金。

二、山东科技金融发展的策略

（一）政府层面

1. 发挥好政策引导作用

政府作为政策和法律法规的制定者，应该给予科技型中小企业优惠的税收和政府补贴，重点关注和鼓励中小企业在科技创新方面的发展，为科技型中小企业专设相关的金融机构和部门，提供恰当的金融支持，增加企业进行科技金融投入的资金来源。这些金融机构和部门的主要职责包括满足企业的融资需求、为其提供直接融资和间接融资，以及相应的咨询和担保服务。

比如开设政府引导资金，鼓励社会资本通过债权或者股权的方式入驻科技型中小企业，改善中小企业的资产和负债的占比，鼓励企业从事风险投资行业，推出相应的政策鼓励企业进行科技创新；建立健全担保政策，包括全国性和区域性政策，形成广覆盖、全方位的担保体系，将担保机构的运作流程规范化，将政府纳入担保基金的构建中，以政府信用为担保。

综合来看，可以形成以政府为主导，金融机构和社会资本并存的资金来源结构，以信用担保制度为支柱，增强科技金融的投入力度。

2. 改进山东省科技信贷服务体系

（1）优化金融机构信贷结构

金融机构要充分认识到科技企业发展对山东经济结构转型、产业升级换代、区域竞争力提升的重要性，在风险可控的前提下不断加大对科技企业的信贷倾斜力度。同时，银行业金融机构应成立专门针对科技型企业的产品研发机构，积极探索和创新与科技企业匹配的产品与服务。如进一步丰富抵押担保方式，弥补科技企业担保抵押品不足的问题；将债权融资模式调整为股权融资模式，不仅可以提高收益，而且有利于加强对企业的了解和持续跟踪，降低风险。此外，银行业金融机构要加强与风险投资机构、担保公司、证券公司、保险公司等外部机构的合作，建立战略联盟合作关系，形成优质客户互荐机制，通过合作机构的风险把关，甄别和防范风险，形成风险分摊、利益共享机制。

（2）推进金融机构对科技企业的差异化金融服务

银行业金融机构要尽快建立差异化的信贷管理体制和流程，通过考察不同行业、不同发展阶段和不同规模科技企业的不同金融服务需求，将科技企业进行目标客户群体细分，对不同的客户群确定不同的授信评级体系、不同的审批权限、不同的还款期限和方式、不同的风险管理策略等，从而为不同的科技企业提供与其相匹配的金融服务。如对处于创业初期、经营规模小、融资需求小的科技企业，可借鉴交通银行 2011 年推出的"创业一站通"业务，简化审批程序；对成长期的科技企业，开展"风险池"、"科贷通"、应收账款质押贷款、知识产权质押贷款、股权质押贷款等业务；对成熟期的科技企业，提供"税融通"、"联贷联保"、小企业法人账户透支等业务。

3. 加快建立山东省科技保险服务体系

（1）提高科技企业对科技保险的认知水平

提高科技企业对科技保险的认知程度，相关部门可以借助各类媒体加强宣传引导，以大量科技"出险"的事实和科技保险的成功受惠案例为据，使科技企业不仅树立科技风险意识，而且感受到科技保险对其管理科技风险、保障经营的重要性。媒体宣传不必拘泥于形式，可以通过培训、网络、宣传册等多种形式展开。

（2）提升保险公司的科技保险业务水平

保险公司要深入了解科技企业的保险需求及已投保项目，建立适应性和市场化的反馈机制，并借鉴"试点"区域保险公司的成功经验，对科技保险的原有险种进行升级并开发新险种。同时，要不断提高理赔服务质量，建立高新技术企业保险理赔快速通道，提高理赔效率，减少理赔环节，加快理赔速度。建立科技保险风险数据库，为科学厘定科技保险产品费率、分析化解系统性风险提供数据支持。

（3）完善保险中介机构的配套服务

保险中介机构是连接保险公司与科技企业的重要纽带，保险中介机构应抓住政策发展机遇，积极开展科技保险中介服务，并联系其他科技保险参与主体，建立起有效的协作机制。保险中介机构可以利用自身的市场角色，在代理传统保险的同时，不失时机地推介科技保险，为科技企业提供科技风险评估和分析、科技风险防范、规避和转移、科技风险出险后处理、科技保险索赔、代办保费补贴申请等全面、专业、高效的优质服务，完善科技保险服务体系。

4. 对科技金融的产出进行有效保护

随着互联网时代的发展成熟，中国科技金融的不断前行面临着新的挑战，创新资本的争夺和技术资本程度正在成为科技金融创新的主战场。为避免技术资本化过程所遇到的市场失灵，政府部门应进一步做好以下工作：一是对于知识产权的保护给予足够的重视，防止侵权行为的盛行破坏社会正常秩序；二是专利发明过程要投入大量的资金，可以适当给予补偿；三是利用民间资本为专利技术提供特殊的经营机构；第四，可以以专利技术为标的，发行资本化债券，让对专利技术比较看好的投资者也能够参与其中。

（二）金融机构层面

1. 商业银行开展投贷联动业务

从科技企业的发展进程来看，科技型中小企业融资贵、融资难问题普遍存在于初创期和成长期。因为科技型中小企业自身的特点，前期资金投入多，后期成果存在较大的不确定性，并且科技型中小企业缺乏可用于抵押贷款的固定资产，这种种因素都使科技型中小企业难以健康存活。

商业银行针对科技型中小企业融资难、融资贵问题，提出了投贷联动业务，经过不断推敲，终于在 2016 年 4 月开始试点。然而至今，仅有几个银行将内部投贷联动业务付诸实践，大多数银行还没有实施此项业务的具体措施。现在我们的目标是创新目前的内部投贷联动业务，使之更适应当前科技金融发展环境。这就需要银行结合投和贷的评价考核机制，权衡好风险和收益的关系，唯有如此，才能真正发挥投贷联动的优势。

2. 以金融科技缓解信息不对称

金融机构和企业之间的合作存在很多的阻碍，比如科技型中小企业本身就存在高风险的特点，而且大都是轻资产企业，与金融机构保守、传统的金融产品和风险承受能力不匹配，这就导致金融机构不能很好地服务科技中小企业。为有效破解这一症结，商业银行可以借助大数据技术和互联网技术，联合一些小微企业融资智慧平台，以金融科技为支撑，以"信息共享、资源共享、服务共享"为特色，根据资金性质和优惠政策、准入条件，匹配包括科技型企业在内的小微企业，实现"对象精准、成本适度"。还可以通过登陆山东省企业融资服务网络系统，将省级健康的科技型中小企业、市级科技型中小企业推荐给其他金融机构，并鼓励企业通过系统注册发布融资需求。

除了政策上扶持之外，还要坚持专业专营，加快深化科技与金融的结合，以科技服务特色为依托，为科技型中小企业设置专门的"科技绿色通道"，高效审批企业融资项目，并通过知识产权质押贷款等与企业精准对接。

（三）企业层面

1. 提高科技团队素质

首先，应集中力量培养科技人才。我国基础教育总体水平还有待加强，尤其是科技人才的来源渠道单一。政府教育部门应会同相关部门，以突出重点、发挥实效为原则，对我国中高等院校更加合理布局，专业设置也应以社会发展人才需要为导向。

其次，应以优厚待遇吸引高端应用型科技人才，大力扶持引进优秀人才，特别是高科技行业的应用性人才，具体而言，应做好以下两点：一是要重点引进高端科技人才。这是因为科技创新既然具有较高科技含量，那么，从事科技创新并有可能取得成就的人，必须要求具备较高的科学文化素养，接受过系统化的教育培训，而这只能是高端科技人才，而不是一般科技人才。二是重点引进的科技人才，应主要是应用型高端科技人才，而不是基础性高端科技人才。

2. 加快科技成果转化

可持续发展，从根本上必须依赖科技创新，而为了提高科技创新的效率，提高科技金融的效率，就必须着力打造一个高效的科技创新体系。这一科技创新体系应包括科技园区、科技中介机构、科技金融服务体系等功能互补、环环相扣的要素。科技园区包括三部分即高新技术产业开发区、战略性新型产业开发区和创业孵化器。科技中介机构的主要作用是为企业提供专业化和市场化的服务，作为科技型中小企业和金融机构业务往来的桥梁，促进企业科技成果产业化。科技金融服务体系是一个有机的整体，它由各种类型的金融机构、金融中介机构以及金融市场整合而成，能够为科技创新提供全面的金融服务。

第五章　新时代科技金融发展

科技与金融有着深厚的历史渊源，古往今来，金融业一直对新技术保持高度敏感，是科技成果应用最广、最深的行业。历史证明，每一次科技革命都使科技与金融的融合程度不断加深，助推科技金融业培育新优势、发挥新作用、实现新发展。基于此，本章分为互联网时代科技金融发展路径、新时代科技金融优化措施两部分。

第一节　互联网时代科技金融发展路径

一、"互联网+"提出的背景和意义

（一）背景

以移动互联网、云计算、大数据、物联网等为标志的新一代信息技术对经济社会生活的渗透率越来越高，正以前所未有的广度和深度，加快推进资源配置方式、生产方式、组织方式变革。经济发展模式的深刻变革，使世界正在进入以信息产业为主导的新经济发展时期，"互联网+"应运而生。"互联网+"是希望用国内相对优质与国际领先的互联网力量去加速国内相对落后的制造业的效率、品质、创新、合作与营销能力的升级，以信息流带动物质流，也会与"一带一路"整体战略相结合，推展整体产业的国际影响力。

2015年4月17日，国务院总理李克强在国家开发银行和中国工商银行考察并主持召开座谈会时指出，要深入推进金融改革开放，助力实体经济升级发展。6月24日，国务院召开常务会议，部署推进"互联网+"行动，促进形成经济发展新动能。

李克强总理在政府工作报告中提出的"互联网+"概念是以信息经济为主流

经济模式，体现了知识社会创新 2.0 与新一代信息技术的发展与重塑。可以说，习近平同志提出的"新常态"是信息经济发展的起步，依托信息经济发展实现经济的转型和增长，从要素驱动向创新驱动的转变，而以"互联网＋"为载体的知识社会创新 2.0 模式是创新驱动的最佳选择。

（二）意义

"互联网＋"不仅意味着新一代信息技术发展演进的新形态，而且也意味着面向知识社会创新 2.0 逐步形成促进经济社会转型发展的新机遇，推动开放创新、大众创业、万众创新，推动我国经济走上创新驱动发展的"新常态"。其提出的意义主要有以下三点。

1. "互联网＋"拓展国家竞争新内涵

在全球新一轮科技革命和产业变革中，互联网，特别是移动互联网成为各行各业发展的新干线。以互联网为平台，信息技术与工业、新材料、新能源等领域的技术交叉融合，不仅催生了新兴产业快速发展，而且通过与传统产业的融合渗透，助推传统产业转型升级。

2. "互联网＋"打造创新驱动新引擎

（1）"互联网＋"促进思维模式创新

互联网思维的突出特点是自由、平等、开放、免费、创新、共赢。随着互联网思维的不断扩散渗透，消费者逐渐形成便捷化、个性化、免费化的消费需求，这就促使企业经营者必须转变传统思维模式，对产品的生产、流通以及销售流程进行重新架构，以适应消费者这种新的消费习惯，从容应对互联网经济浪潮的冲击。

（2）"互联网＋"促进生产方式创新

大数据、云计算的广泛应用，使区域内企业横向互联、上下游企业纵向互联、生产者与消费者直接互联常态化，供给端与需求端数据搜集、统计、整理和分析实时化。企业可以通过客户反馈信息改进设计，实现生产的柔性化、个性化与智能化，根据用户意见进行订单式生产，从而摆脱产能过剩困局，高效利用原材料和资金。

3. "互联网＋"推动众创时代到来

2014 年 11 月，国务院总理李克强在杭州出席首届世界互联网大会时指出："互联网是大众创业、万众创新的新工具。只要'一机在手''人在线上'，实现'电脑＋人脑'的融合，就可以通过'创客''众筹''众包'等方式获取大量知识信息，对接众多创业投资，引爆无限创意创造。"2015年3月，国务院办公厅印发《关于发展众创空间推进大众创新创业的指导意见》，部署推进"大众创业、万众创新"工作。

"互联网＋"思维和模式，可有效改善就业环境，让更多人成为创业者，从而带动就业。在"大众创业、万众创新"的政策导向下，一批受过良好专业教育的创业者不满足于安逸的工作，同时，互联网思维推进个性化创新，孵化出一批高估值的新创互联网企业。

"互联网＋"中的"＋"是传统行业的各行各业，"互联网＋"模式，从平面应用到第三产业，形成诸如互联网金融、互联网交通、互联网医疗、互联网教育等新业态，而且正在向第一和第二产业渗透。"＋"既是跨界，也是重塑与融合。信息技术革命、经济全球化打破了原有的经济结构、社会结构、文化结构、地缘结构，在互联网上形成于越来越多的共同利益相关者，他们组成不同的群体，构造起新的学习生态、商业生态和生活生态。"互联网＋"渗透进各行各业，改变着传统产业，也在重新塑造着我们的衣食住行以及生活习惯。

互联网金融是传统金融机构与互联网企业（统称从业机构）利用互联网技术和信息通信技术实现资金融通、支付、投资和信息中介服务的新型金融业务模式。互联网金融与传统金融的区别不仅仅在于金融业务所采用的媒介不同，更重要的在于金融参与者深谙互联网"开放、平等、协作、分享"的精髓，通过互联网等工具，使得传统金融业务具备透明度更强、参与度更高、协作性更好、中间成本更低、操作上更便捷等一系列特征。互联网与金融深度融合是大势所趋，将对金融产品、业务、组织和服务等方面产生更加深刻的影响。

互联网金融对促进小微企业发展和扩大就业发挥了现有金融机构难以替代的积极作用，为大众创业、万众创新打开了大门。促进互联网金融健康发展，有利于提升金融服务质量，深化金融改革，促进金融创新发展，扩大金融业对内对外开放，构建多层次金融体系。作为新生事物，互联网金融既需要市场驱动，鼓励创新，也需要政府助力，促进发展。

二、"互联网＋"与科技金融的融合

（一）融合的优势

由于我国金融体系是银行主导型的金融垄断，利率市场化尚未形成，金融市场效率较低，存在资金配置错位，一方面社会储蓄远远大于投资，另一方面很难满足实体经济的巨大融资需求，特别是长期无法有效解决中小企业的融资需求。在网络经济时代，大众创业、小微企业或中小企业的蓬勃发展成为实体经济的一个重要特色，传统科技金融服务的局限性已无法满足大众创业、小微企业或中小企业的融资需求，这制约着实体经济的发展、转型和升级。

"互联网＋科技金融"可以利用互联网平台的大数据获取中小企业信用行为数据、交易行为数据，从而为中小企业进行信用等级区分，为符合条件的个人或中小企业提供资金融通服务，引导资本流向新技术，而催生出具有关键核心技术的战略性新兴产业，并形成新的经济增长点。

1. 网络化使服务高效、快捷

在"互联网＋科技金融"驱动下，传统科技金融机构力图科技金融互联网化，一方面加紧将业务办理互联网化，另一方面积极研发适合在线交易的互联网科技金融产品。科技金融互联网下中小科技型企业申请贷款整个流程网络化，在电脑上操作即可，这极大地提升了科技金融服务效率。

互联网企业的众筹融资和电商小贷等融资模式，为无法在传统科技金融机构获得融资服务的个人或企业，提供了新的资金融通服务，而且融资流程简洁、便捷。另外，互联网拓宽了科技金融产品的销售渠道，促进了信息流动，使有融资需求的人可以有多种融资渠道进行选择，增进了市场竞争，促进了各金融机构进行金融创新，从而提供高效、快捷的金融服务。

2. 大数据为中小企业提供信用服务

中小企业融资难问题，一方面是缺乏担保抵押资产，另一方面存在信息不对称，使中小企业的信用行为信息无法传递给科技金融机构，科技金融机构无法授信中小企业。企业信用等级是企业得以融资成功的一个重要凭证，而传统科技金融机构对企业信用记录进行审核并建立企业信用体系，在现实里因成本问题难以开展，特别是面对数量众多的中小企业。依据企业在互联网平台建立的中小企业信用数据库，为中小企业提供授信服务，科技金融机构可以按照信用级别为科技型中小企业提供融资服务，可以很好地解决科技型中小企业融资难、融资贵的问题。

3. 利用大数据更好地发现和满足融资需求

无论是电商平台积累的大数据，还是银行内部的金融数据，通过持续地数据挖掘，都会发现之前未曾满足的客户融资需求，由此，可以根据客户需求量身打造科技金融产品或服务，满足科技型中小企业在研发创新领域的资金需求。"互联网＋"不仅催生了新的需求，也催生了新的供给。"互联网＋"使创新成为常态，也只有对产品或服务进行创新，才能满足客户个性化的需求。在这种状况下，科技金融机构只有不断尝试服务创新，才能更好地满足客户需求，更好地服务于高科技产业。

总之，"互联网＋科技金融"使之前未曾注意到的融资需求被发现，并予以解决。例如，银行传统信贷业务往往是针对大公司，而忽略了广大科技型中小企业的融资需求，"互联网＋科技金融"催生银行开设新业务，间接促进了科技型中小企业发展。

（二）融合的重要性和可行性

首先，互联网思维与科技金融服务业的融合是政府"互联网＋"战略的发展趋势，也是科技型和金融服务型实体企业互联网化转型升级的必然要求。李克强同志在政府工作报告中提出制订"互联网＋"行动计划，相关部门也在积极推动互联网与实体经济的融合。互联网思维是使"互联网＋"战略真正落地的关键所在，在推动科技型和金融服务型实体企业互联网化转型升级的进程中必然需要互联网思维，只有将互联网思维融入服务之中，不断创新商业模式，有效介入实体经济，才能在新常态下实现我国经济增长软着陆。

其次，科技型小微企业是我国国民经济的重要组成部分，是科技创新最为活跃和最具潜力的企业群体，广泛分布于全国各地的新能源、新材料、信息技术等战略性新兴产业中。科技型小微企业在增加就业、促进区域经济发展、加速科技创新与维护社会和谐稳定等方面具有不可替代的作用，对国民经济和社会发展具有重要的战略意义。因此，党的十八大报告把支持小微企业，特别是科技型小微企业发展，作为推进经济结构战略性调整的重要举措之一。我国科技型小微企业发展迅速，占小微企业2%左右的份额，创造了大多数的新技术、新产品和新专利。但由于企业自身特点和我国金融市场不完善，科技型小微企业的发展还面临着很多困难和问题。其中，融资难是制约科技型小微企业发展壮大的突出问题，而科技金融与"互联网＋"相融合是解决科技型企业融资难的一个重要途径。

最后，互联网思维与科技金融服务业的融合是形成优秀企业文化的必然要求。企业文化是被员工共同接受的价值观和信念，互联网思维的渗入使员工形成以用户为中心的思维方式，设计并推出简约、极致的产品，将自媒体和大数据作为企业的竞争优势。融入互联网思维而形成的企业文化可以产生持续的超竞争优势，也只有拥有这种超竞争优势，才能使我国的科技金融服务企业立于不败之地。

三、"互联网+"与科技金融的融合路径

（一）充分借鉴美国硅谷的成功经验

硅谷是纳斯达克市场所在地，也是美国风险投资最成功的地方，全球最成功的高科技园区。大多数硅谷公司上市时因还没有形成利润，还不具备在纽约证券交易所上市的条件，但硅谷的纳斯达克市场为那些高成长性的公司上市提供了机会。风投已被公认为硅谷中小高科技企业成长的发动机，谷歌、Facebook以及思科、网景、甲骨文、雅虎等互联网服务公司都是在硅谷的风险投资中出现了产业化。据美国风投协会的研究数据表明，风投的投入产出比为1：11，风投对于技术创新的贡献则是传统财政政策的8倍。可资借鉴的经验：一是完善主板、二板、三板、国际板等多元化的科技金融市场融资体系；二是使不同业态、不同发展阶段、不同区域、不同风险等级的项目进行组合投资，降低风险；三是建立咨询智库，充分利用智库专家对科技企业成长性的专业判断力，提升对科技企业的风险评估和管控能力，提高科技金融服务体系的保障水平；四是重视法规制度和创业环境建设，塑造具有时代特点、中国特色的科技金融文化。

（二）推动区域科技金融平台的互联网连接共享

构建科技金融征信体系信用是金融的核心，征信是提高放贷机构信用风险管理水平的关键工具，是现代金融体系运行的基石。随着互联网平台的兴起，大数据在征信行业得到广泛应用，信贷机构可利用信用评分模型，通过平台交易和行为数据综合判断授信对象的信用状况。

构建我国金融征信体系，须做好以下三点：一是出台规范信用信息应用的法规，加强对大数据在征信行业应用中的监管；二是通过牌照管理与市场化相结合的手段，培育专业征信机构；三是建立国家级征信行业协会，制定新型网络信贷机构的数据统一标准，推动科技、金融等不同信息平台中黑名单数据的共享，加速不同平台信息数据的互联互通。统一的、跨区域征信系统的健全和完善，不仅能增加科技金融供需双方信息的可获得性，而且使信贷审批和贷后监管数据库的建立、畅通科技企业融资渠道成为可能。

（三）鼓励基于互联网思维的科技金融产品创新推动

互联网视角下的科技与金融的深度融合，可以尝试借助互联网的交互式和低成本特点，逐渐突破传统金融边界，除了衍生出的专业性科技互联网金融平台、科技金融机构（科技支行、科技小额贷款公司等），还可以开拓科技金融供应链上的产品创新，如科技企业市场上下游企业的数据与信用捆绑、银行与券商的联合金融支持创新、抵押产品的虚拟化等。基于互联网金融框架的科技金融模式和产品创新存在很大潜在空间，互联网视角下的科技金融创新，有助于解决处于不同生命周期的科技企业面临的融资难、融资贵问题。

（四）"网络联保融资＋担保"模式的尝试

网络联保融资是指以互联网为基础，由3家或者3家以上企业组成一个联合体，共同向银行申请贷款，同时企业之间承担无限连带责任。网络联保融资的优点是无须抵押、联保企业之间相互监督、贷款利率相对较低、信息披露更加高效等。科技型中小企业资产多数为无形资产，没有实物资产作为抵押，风险较大，投资者在信息完全不对称的情况下不大可能出借资金给融资企业，但如果由3家或者3家以上的科技型中小企业共同组成一个相互担保的联合体，通过众筹融资方式向投资者借款，而一旦联合体中的一家出现问题，另外两家会及时发现并披露信息，把风险控制在最低程度，即使一家企业无法偿还贷款，那么将由联合体内的其他企业共同向投资者偿付本息，风险大为降低；网络联保融资的低利率也将对科技型中小企业降低融资成本大有好处。科技型中小企业利用网络联保融资，在融资前，组成联合体的企业需彼此考察各自的偿贷能力以及承担风险的能力，并自愿组成联合体，联合体间的相互考察能帮助投资者很大程度上解决融资前的信息不对称问题；融资后，联合体企业之间需相互监督各自资金的使用情况，了解彼此的经营状况，甚至如果有些企业出现问题，联合体企业还会提供援助，当然如果发现联合体内的企业出现违规情况，其他联合体企业应及时披露信息来降低融资后的信息不对称问题。

在这个过程中，互联网金融公司全程跟踪联合体企业的交易活动，并建立融资企业的网络信用评价体系，并以此作为该企业贷款条件和贷款额度评价的重要依据。在科技型中小企业网络联保融资中，互联网金融公司的作用除了提供交易平台外，还从事记录融资企业交易活动并建立融资企业的信用体系以及和融资业务有关的中介服务活动。如果仅从事这样的业务，未免太简单，这样的互联网金融公司的门槛应该较低，导致的结果就是互联网金融公司野蛮发展。

所以，互联网金融公司在具体的融资活动中应该承担更大的责任，虽然不建议互联网金融公司直接参与融资，但可以考虑增加互联网金融公司在融资过程中的责任，如互联网金融公司提供一定比例的自由资金作为担保，如果融资企业能实现当初的承诺，那么担保资金可以归还给互联网金融公司，但如果融资企业项目失败，那么互联网金融公司缴存的担保金将作为赔偿金的一部分用于补偿投资人的损失。

当然，这个比例应该较低，通过在1%以下。缴存担保金的好处在于用自有资金挂钩融资活动，并通过互联网金融公司的尽职调查才能落到实处，更大程度上降低信息的不对称性，当然参与项目的风险在于一旦项目失败将会给互联网金融公司带来损失，但由于互联网金融公司参与每个项目的资金比例较低，且占互联网金融公司自有资金的比例也较低，这样的分散投资依然能起到一定的风险分散作用。

第二节 新时代科技金融优化措施

一、完善融资体系

（一）构建多层次银行体系

建立和完善国有商业银行、中小股份制商业银行和科技银行协调发展的融资供给体系，充分利用其自身优势，发挥对科技金融的不同作用。

国有商业银行凭借其营业网点多、较强的资金实力和品牌影响力，与优质科技企业建立长期战略伙伴合作关系，形成稳定发展的双赢格局。

中小股份制商业银行则利用其市场意识强、机制灵活和创新能力强等优势，着力发展中小型科技企业客户，培育有发展潜力的企业。

此外，更具专业能力的科技银行通过专业化经营，能够给科技型企业和高新技术企业提供更为专业的融资服务。科技银行在信贷产品设计、业务流程、风险控制等方面都有创新性发展，开拓了知识产权贷款，并进一步挖掘科技型企业的成长能力，尤其在对不良贷款率以及监管机构的监管都有较大的容忍度及政策上的支持。

（一）开拓多样化信贷产品

除了完善银行直接融资产品外，科技金融的发展需要金融机构深入研究科技型企业融资的需求与特点，综合运用金融产品与工具创新，开发出多层次、多样化的信贷产品，为科技型企业提供专业的信贷产品服务。结合实际，借鉴国外科技金融产品特点，在挖掘科技型企业融资需求的基础上，设计符合科技型企业生命周期不同发展阶段的融资产品，尤其要加强对投资于创新型企业生命周期前期或融资的薄弱环节的产品开发，设计出操作性和针对性强的融资工具。

同时，加强银行与其他金融机构的合作和互动，实现集成创新，开发适合市场需求的金融产品或金融产品组合。比如，加强科技企业信贷资产证券化，通过商业银行或投资银行的集中和重组，以这些资产作为抵押来发行证券，从而增强了科技企业资产的市场流动性和价值，有效缓解了银行为企业融资的风险。

（三）培育多样性资本市场

借鉴成功经验，发展不同类型资本市场，来满足不同科技型企业的多样化融资需求。建设和完善主板、中小板、创业板市场，尤其是科创板市场，注重对科技型企业的上市提供综合服务。要加快技术交易服务创新，扶持技术投资机构、技术投资基金、科技信托基金和知识产权交易市场的完善，为科技成果及知识产权转化搭建桥梁，尤其为初创期、成长期的科技型中小企业开辟融资新途径。

（四）建立科技金融诚信体系

虽然近些年我国科技金融发展速度较快，但是不能否认在发展过程中还存在很多的问题和不足，如不诚信问题导致我国科技金融的诚信评价体系缺失，严重限制了我国科技金融的进一步发展。从美国以及德国科技金融发展成功案例中不难看出，完备的诚信体制在科技金融发展中是必不可少的。对于科技金融这种看不见摸不着的产业形态，在发展过程中主要是靠大家之间的相互信任。因此，只有尽快完善科技金融诚信体系，促进信息共享，提高科技金融发展的透明性，才能更好地促进我国科技金融的发展。

（五）充分发挥商业银行的作用

如今，商业银行关于科技金融的发展仍然存在一些担忧，可以在谨慎发展科技金融的同时，积极完善相应的风险补充机制。关于该方面，我国可以学习借鉴美国以及德国的发展经验，通过建立系统完善的信用担保体系来保障商业银行的根本利益。除此之外，国家政府还可以出资成立担保基金，为新兴产业以及创新型企业的融资提供担保，同时还可以加强对商业担保的规范，引导鼓励它们积极为科技金融的发展提供担保，促进我国新兴产业以及创新型企业的发展。

二、加强内部管理

（一）规范科技企业自身的发展

从哲学角度进行分析，内因是导致事物发展的根本原因，因此对于科技企业自身来说，应该充分发现自身存在的问题和不足，并采取积极有效的措施来不断进行蜕变。科技企业在发展过程中具有生命周期短、发展不稳定等问题，这就要求科技企业在发展过程中应该积极加强科技成果的转化，将先进的科学技术转化为科技产品进而获得相应的市场收益，将科技产品带来的市场收益来投入到企业的创新发展中，来更好促进技术的进步。

（二）规范企业财务制度

财务状况好坏是企业能否获得金融机构授信的主要影响因素。对此，应该规范和完善财务制度，提高企业财务管理能力，增强科技型企业融资能力。科技型企业财务管理应该以加强基本财务数据和内部管控为基础，强化财务数据真实、公开、完整、及时；以完成规范、良好的财务数据为目标，加强企业财务人员专业知识的提升，加强与审计、会计和法律等事务所的联系和合作，增强对企业财务问题评估和把控能力。科技型企业应该开放必要财务信息，加强外部监督管理，主动接受政府审计部门的日常审计和监督，建立良好的政企信任关系，还应充分利用主流媒体，积极宣传企业，提前化解金融借贷风险。

（三）完善企业内部治理结构

在企业经营过程中，企业所有权和经营权分离，从而保障企业成为自主经营、自负盈亏、独立核算的企业；构建和完善适合公司发展的治理结构，明确各级部门相应的经济社会责任，明确各部门管理者自身责任和权利，在处理内部问题时能够充分考虑本部门和企业内部平衡问题。同时，在重视企业权利平衡的过程中，还应不断完善企业内控体系，保证企业决策科学性。因此，在企业运营管理过程中，决策层、经营层和监督管理层部门和人员应该彻底分开、相互监督，实现三权分立、相互监督、平衡制约，促使经营管理工作更加有序、高效。

（四）加快科技金融人才队伍建设

科技金融人才不仅需要熟悉金融专业知识，还需要掌握不断更新的科学技术知识，这就要求要把选拔高素质复合型人才作科技金融人才队伍建设的重点。在科技金融人才选拔中做到公平、公开、公正，选拔出优秀的人才，充分调动科技金融人才工作的潜力。

建立科技金融人才考核机制，为科技金融人才进步提供空间和机会，从而提升科技金融人才的归属感和使命感，保持科技金融人才队伍建设的稳定性和成长性。还应加大对科技金融人才队伍建设的投入，持续、稳定增加对金融创新和科技人员经费的支持，合理提高科技金融人才的培训费、劳务费及奖励费用在预算费用中的比例。

三、优化服务平台

（一）建立科技金融数据库

基于国家科技企业认定标准，结合科技企业发展特性创新驱动发展战略的需要，成立专门部门和人员，制定和完善科技分类指导认定办法，对科技型企业进行登记和统计，并定期更新和公布科技企业名单和科技项目。通过制定与落实严格的规范与标准，评选出科技创新、人才创新、管理创新人才和科技项目，汇总相关数据，建立和逐渐完善科技金融资料基础数据。基础数据库可以为相关职能部门和金融机构共享，作为各类金融机构和金融资源提供支持与兑现财税扶持政策的重要依据。依托科技金融基础数据库提供科技人才和科技项目查询，将企业融资需求、科技开放项目、创业投资项目等发布到服务平台，及时实现资源、信息共享，从而促进供求双方融资对接和有效合作。

（二）建设完善平台服务体系

加快建设具有融资功能的生产力促进中心、创业技术服务中心、大学科技园区、科技企业孵化园，支持符合条件的企业与高新区、经济开发区建立区域性的科技金融服务体系，规范科技成果与知识产权评估工作，促进企业资本有效流动，进而实现保值、增值。积极培育各类中介组织，促进资产评估、审计咨询、注册会计师事务所等机构的发展；强化管理咨询、法律服务、信用评级、知识产权评估等金融服务能力；鼓励科技技术发展服务中心、科技认证公司、科技教育培训机构、法律事务工作、金融技术服务等企业的快速发展；逐步构建起进入服务网络，有效发挥各类中介组织服务的功效，为科技金融业的发展提供支撑。

（三）完善科技企业信用评价体系

针对科技型企业的发展特点，构建与科技型企业特点相符的信用评价体系。参照中国人民银行的征信管理系统，收录企业在工商税务等各部门的信用信息，建立科技型企业专用信用信息数据库，完善相应的科技金融服务平台的信用评价体系。科技金融服务平台中的各参与主体通过参照企业信用评价体系，可以初步判断科技企业的资信状况，选择性地为科技型企业提供融资支持，减少资金供给方的投资风险。

四、健全体制机制

（一）建立科技金融投入管理机制

创新科技投入管理机制，确保科技金融工作顺利开展。提供和增加对科技金融企业的资助服务，建立创业风险补偿机制，发展风险投资、创业投资、私募股权投资等方式增加科技创新投入。对于中小型企业，应充分借助金融机构资金的优势，可以直接控股和参股科技型企业担保机构或融资机构，促进社会资金参与到科技企业的经营发展中，为推进科技企业持续发展提供资金保障。对于大型企业，不仅可以通过设立科技金融产业发展的各类专项基金，还可以利用财政资金杠杆作用带动各类融资主体将资金投入到科技型企业。

（二）建立统一管理的资源配置机制

建立以企业为主体、政府引导、社会参与的科技金融创新管理渠道。通过协调、联动、互动的方式，促进建立科技金融资源和科技创新管理机制的整合机制。加强科技金融联动工作，建立政府引导、企业投入为主，政府与社会资金有机结合的科技资源配置方式。

建立科技金融服务平台，加强引导服务平台对科技和金融结合活动的对接，促进科技金融资源的合理配置，通过服务平台选拔，培育具有潜力的科技企业，促进平台内各参与主体不断创新金融服务方式和金融产品，改善科技金融平台整体环境，增强科技创新能力和经济活力。同时，促进政策法律体系的建设和完善，加强基础设施建设，为科技金融服务平台运营营造良好的外部环境。

（三）建立有效的科技金融联合工作机制

首先，高度重视科技金融融合发展工作的重要性，建立科技金融多方联动的工作责任制度，加强与科技园、孵化园、专利局等部门间信息组织协调，促进政府部门、融资机构、监管机构和企业有效沟通，促进科技金融工作的有序开展。

其次，统筹和规划科技金融融合发展。做好充分准备，结合实践，统筹科技发展规划，让科技金融发展方向明确。协调金融机构、担保机构、融资机构和科技型企业，加强科技金融产品的宣传与业务推进，充分考虑企业成长规律、融资需求的实际情况，鼓励金融机构创新服务理念、管理模式以及金融服务产品，支持科技型企业进行技术创新，并积极推广成功模式。

最后，建立信息共享机制。科技金融体系中，参与主体较多，信息及时互通意义重大，要在科技部门、金融部门和企业之间充分协调，实现信息共享，充分促进各类金融资源与科技创新的融合发展。

参考文献

［1］ 张红. 科技金融服务主体的合作与竞争研究［M］. 上海：上海大学出版社，2014.

［2］ 王宪明，胡继成，谷晓飞. 中国科技金融融资工具研究［M］. 北京：北京邮电大学出版社，2014.

［3］ 杨靖. 从科技金融看经济转型［M］. 北京：北京理工大学出版社，2014.

［4］ 周晓世. 科技金融服务［M］. 沈阳：辽宁教育出版社，2015.

［5］ 毛道维，毛有佳. 科技金融的逻辑［M］. 北京：中国金融出版社，2015.

［6］ 王吉发. 金融创新和科技型企业转型及科技金融体系建设［M］. 沈阳：辽宁人民出版社，2016.

［7］ 于中琴. 全球科创中心建设背景下上海市科技金融模式的创新发展［M］. 上海：上海财经大学出版社，2016.

［8］ 郝相君. 上海科技金融评价体系研究［M］. 上海：上海交通大学出版社，2017.

［9］ 和瑞亚. 科技金融资源配置机制及效率研究［M］. 西安：西安电子科技大学出版社，2017.

［10］ 王斐波，谢乔昕. 科技金融创新与中小科技型企业发展［M］. 杭州：浙江大学出版社，2017.

［11］ 孙杰光. 吉林省科技金融发展理论与实践研究［M］. 北京：中国财富出版社，2018.

［12］ 程雪军. 互联网消费金融：科技、金融与监管［M］. 北京：经济日报出版社，2018.

［13］ 陈建可，礼翔. 金融科技：重塑金融生态新格局［M］. 天津：天津人民出版社，2019.

［14］孙国峰. 金融科技时代的地方金融监管体系研究［M］. 北京. 中国金融出版社，2019.

［15］陈作章. 中国科技金融应用与创新案例研究［M］. 苏州：苏州大学出版社，2019.

［16］郭琳. 关于科技金融发展的保障机制分析［J］. 商讯，2020（31）：77-78.

［17］罗平. 科技金融的未来使命与创新体系建设［J］. 民主与科学，2020（5）：16-20.

［18］曹金飞，李芸达. 互联网发展趋势研判及其对科技金融的影响［J］. 科技管理研究，2020，40（20）：15-21.

［19］陈彦利. 科技金融与金融创新协同发展研究［J］. 商讯，2020（27）：73-74.

［20］姚禹. 对互联网金融与金融科技发展现状的问题探析［J］. 商展经济，2020（7）：45-47.

［21］詹亮. 互联网金融背景下河南省科技金融发展现状及对策研究［J］. 中国管理信息化，2020，23（15）：158-160.

［22］胡娅琴. 科技金融与农业产业化协同发展［J］. 农村经济与科技，2020，31（12）：225-226.

［23］李家印. 关于国家创新体系视阈下科技金融理论与政策分析［J］. 经济研究导刊，2020（15）：52.

［24］谭寒冰，刘珞东. 科技金融背景下供应链金融模式与风险［J］. 石家庄职业技术学院学报，2020，32（1）：41-45.

［25］陈宇柔. 金融科技助力我国现代农业发展路径研究［J］. 农村实用技术，2020（2）：31-32.

［26］王宁，穆瑞丽，王勃. 京津冀科技创新协同发展背景下的金融支持分析［J］. 时代金融，2020（3）：23-25.

［27］柏建成，高增安，严翔，等. 长江经济带科技创新与金融发展互动关系研究［J］. 科技进步与对策，2020，37（9）：61-68.